教育研修スタッフ必携
教育研修の教え方促進マニュアル

平松陽一・三友祥実 著

はじめに

　はじめに

　教育研修を効果的に運営することは難しいことだという声を人材開発・教育研修担当者の方からよく聞きます。それは、人材開発、教育研修という分野は概念・理論が先行し、具体化するのが難しいということがあるためです。これを人を育てることは難しいことだと言い切ってしまうだけでは、何も解決しないのではないでしょうか。
　本書の姉妹書である「教育研修プラン推進マニュアル」では、教育研修の組み立て方を中心に提起しています。また「教育研修の効果測定と評価のしかた」では、教育研修実施後の効果測定と対処方法について展開しました。両書ともロングセラーとして、永年に渡り多くの人材開発・教育研修担当者に愛されてきました。

　ところが、いざ教育研修を実施するとなると、
・教育研修の実際場面での具体的対処方法
・社内インストラクターの育成の仕方
・それでは現実場面でどう立ち振る舞ったらよいのか…
といったものについて、ノウハウがなく迷ってしまうことがあります。
　そこで本書は、教育研修を運営する・教える立場にある人に主眼を置き、実際にどう対処したらよいかという前提で書かれています。教育研修の流れに沿って展開していますので、場面を想定して読んでいただける構成となっています。

　また、6つのコラムを要所に展開しました。
　ここでは、教育研修を依頼されてから受講者とのやり取り場面まで進行がスムーズに行きにくい場面での出来事への対処方法を、具体的に展開しています。この本全体を通して教育研修の実践的進め方を体系的に整理していた

だくのと同時に、この 6 つのコラムにより、場面対応力を身につけることができます。

　また、教育研修の効果測定・評価はそのポイントを本書では示しています。更に、詳細は「教育研修の効果測定と評価のしかた」を参考にして下さい。

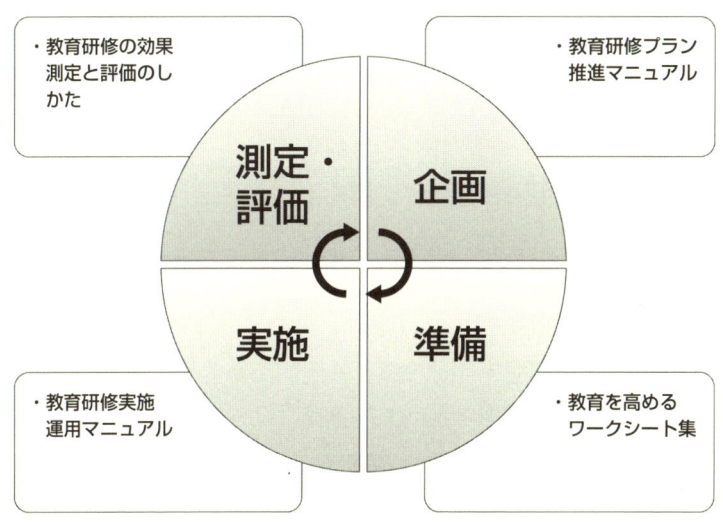

　この本は「教育研修スタッフマニュアル」（ナショナル出版）、6 つのコラムは、「リーダーシップ」（日本監督士協会）のものを加筆修正しました。

　本書を活用して、教育研修がスムーズに運営されることを期待しております。

2013 年 4 月
平松陽一

第1章　教育研修スタッフ（インストラクター）の基本 → 009

PART❶　インストラクターを育てる → 010

1. インストラクターの仕事の意義 → 010
2. インストラクターの役割 → 013
3. インストラクターの基本行動を知る → 016
4. インストラクターが備え持つ要件 → 018
5. インストラクターに必要な能力 → 020
6. インストラクターの自己成長 → 024

PART❷　研修のアウトラインを押さえる → 026

1. 教育研修目的を押さえる → 026
2. 教育受講者を把握する → 028
3. 教育研修全体の流れをつかむ → 032
4. 教育研修運営を理解する → 034

〈コラム1　どうして私が社内インストラクターに〉→ 050

第2章　教育研修事前準備を工夫する → 053

PART❸　研修プログラムを準備する → 054

1. 教育研修プログラムの展開 → 054
2. 教育研修テキストの作り方 → 059
3. 補助シート・教材の準備 → 064

PART❹　インストラクションに備える → 067

1. レッスンプランの効用と内容構成 → 067

2 レッスンチャートの作り方と活用 → 071
3 インストラクションのリハーサル → 074
4 当日までにチェックしておきたいこと → 076
〈コラム2　教育研修の目指すところをとらえる〉→ 080

第3章　効果をあげる教育研修の進め方 → 083

PART5　インストラクションの基本 → 084

1 インストラクションの基本動作 → 084
2 雰囲気作り → 088
3 受講者を引きつける話し方 → 090
4 効果的学習展開 → 093
5 板書の仕方 → 096

PART6　インストラクションの進め方 → 101

1 講義の進め方 → 101
2 演習の進め方 → 104
3 スムーズな研修の導入 → 108
4 上手な教育研修の運営方法 → 112
5 研修の結び → 116
〈コラム3　体験談とたとえ話を活用する〉→ 118

第4章　教育研修での受講者とのかかわり方 → 125

PART7　受講者とのコミュニケーション → 126

1 受講者との接し方 → 126
2 質問の仕方・受け方 → 130

目次

　　3 受講者のほめ方・注意の仕方 → **135**
　　4 受講者を研修に参画させる → **139**

PART❽　教育研修ツールの活用 → **142**

　　1 便利な研修ツールの活用 → **142**
　　2 各種視聴覚機器・教材の活用 → **147**
　　3 研修テキスト → **152**
　　4 ワークシート・研修ラベル → **155**
　〈コラム4　言い切るところとそうでないところを分ける〉→ **162**

第5章　教育研修方法で効果を高める → **165**

PART❾　教育研修技法の活用 → **166**

　　1 アイスブレイク → **166**
　　2 グループ討議法 → **170**
　　3 ロールプレイング（役割演技法）→ **179**
　　4 教育ゲーム → **185**
　　5 事例研究 → **190**
　　6 テスト → **196**
　　7 ブレーンストーミング（Brain Storming）→ **203**
　　8 セブンクロス法（7×7法）→ **207**
　　9 フィードバック（Feedback）→ **209**
　　10 野外活動 → **213**
　〈コラム5　ちょっとした手作り教材で効果を上げる〉→ **220**

PART❿　研修実施後の評価とフォロー → **223**

　　1 教育研修の効果測定 → **223**

006 ■ 目次

- 2 教育研修評価 → **229**
- 3 教育研修後のフォローアップ → **231**
- 4 インストラクションのふり返り → **234**

〈コラム6　受講者の反応から教育研修効果を探る〉→ **239**

巻末資料 → **243**

- №001 研修目的確認シート → **245**
- №002 研修受講者名簿 → **246**
- №003 新入社員フォロー研修事前アンケート → **247**
- №004 研修会場づくりのチェックリスト → **248**
- №005 研修プログラム立案シート①（2泊3日用）→ **249**
- №006 研修プログラム立案シート②（1日用）→ **250**
- №007 テキスト作成の検討シート → **251**
- №008 補助教材・備品等のチェックリスト → **252**
- №009 レッスンチャート作成シート → **253**
- №010 インストラクション・リハーサル・コメントシート → **254**
- №011 話し方のチェックリスト → **256**
- №012 研修の結び準備シート → **257**
- №013 受講者研修参画チェックリスト → **258**
- №014 視聴覚教材ふり返りシート → **259**
- №015 インストラクターの自己紹介準備シート → **260**
- №016 事例研究実施チェックリスト → **261**

第1章
教育研修スタッフ（インストラクター）の基本

PART❶　インストラクターを育てる
1 インストラクターの仕事の意義
2 インストラクターの役割
3 インストラクターの基本行動を知る
4 インストラクターが備え持つ要件
5 インストラクターに必要な能力
6 インストラクターの自己成長

PART❷　教育研修のアウトラインを押さえる
1 教育研修目的を押さえる
2 教育受講者を把握する
3 教育研修全体の流れをつかむ
4 教育研修運営を理解する

〈コラム1　どうして私が社内インストラクターに〉

PART❶ インストラクターを育てる

1 インストラクターの仕事の意義

インストラクターとして成功するためには、その仕事の意義や目的を正しく理解していなければなりません。

その際、個々の研修の目的を理解するだけでなく、研修が経営活動をバックアップする一つのシステムであることを認識しておくことが必要です。

研修は組織強化を実現するためのプログラム

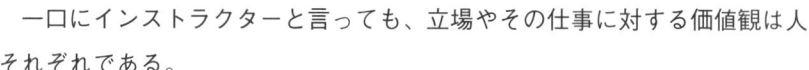

一口にインストラクターと言っても、立場やその仕事に対する価値観は人それぞれである。

社内の専任インストラクターの場合もあれば、他の職務と兼任している人もいるであろう。また、上から指名されて仕方なくという人もいれば、インストラクターの仕事が天職だと思っている人もいるかもしれない。さらに、研修が実施される背景や目的、内容、手段などは、各企業の状況や事情によって異なる。

「なぜ、研修を行うのか？」、そう聞かれて、「教育担当が研修計画を立てたから」「インストラクターに任命されたから」と答える人はいないと思うが、念のために、その仕事の意義を確認しておこう。

インストラクターになった人それぞれに立場や考え方は違っても、どの企業の、どのインストラクターにも共通していえることは、研修は「経営活動に必要な人材育成のために実施される」ということである。

企業は、多角化、多国籍化、技術進歩、市場ニーズの多様化、労働構造の変化など、著しく急速に、多様に変化する経営環境の下、そういった変化を先取りしつつ、かつ柔軟に変化に対応しながら経営活動を存続し得る、強い組織を作っていかなければならない。

　そのために、企業は経営政策や戦略を立て、それらを実現できる人材を確保しなければならないのである。

　研修は、効率的に社員の能力を高める場であり、能力開発の側面から経営活動をバックアップする一つのシステムにほかならない。インストラクターの仕事は、そのシステムの"核"になっているのである。

◎**経営活動と研修の関係**

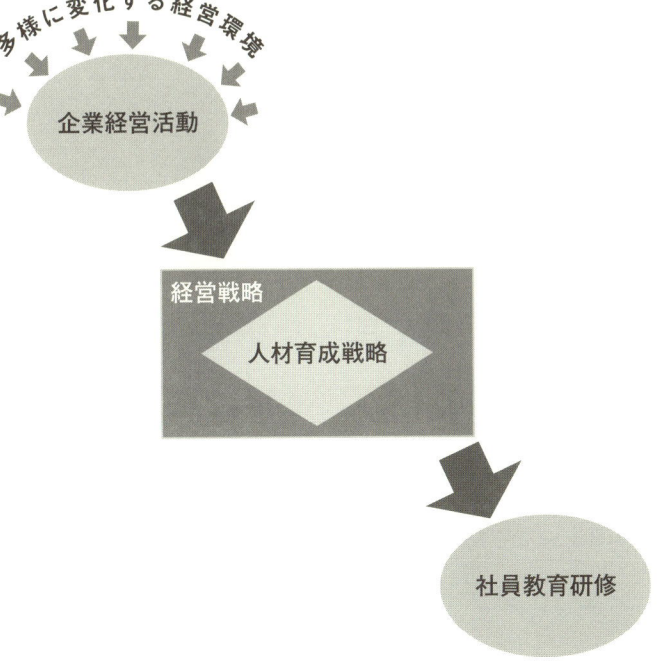

第1章　教育研修スタッフ（インストラクター）の基本

企業内インストラクターの必要性

　近年、企業内インストラクターの必要性が高まってきている。

　企業内インストラクターは、何といっても社内業務に精通しているので、社内固有な事柄を教えるのに適している。

　また、研修に留まる事なく、現場指導に踏み込める強さを持っている。

　このことは企業内インストラクターが社内風土の改善まで行うことができる可能性を持っていることを意味している。何と言っても人を育てるには社内風土やシステムをそれに合ったように改善することが求められる。それには、社内の人達と一体感を持てる強みを持った企業内インストラクターが適しているのである。

　よく言われるように人に教えるにはその何倍も学ばなければならないということがある。これは企業内インストラクターを体験することにより、成長が期待できることがある。

　とくに、インストラクションを通してプレゼンテーションスキルを中心に自己を高めることができるからである。

① より業務現場に即した研修の必要性
② OJTと集合研修の連動の必要性
③ 社内風土改革の必要性
④ 研修受講者との一体感を高める必要性
⑤ プレゼンテーション技術向上の必要性

2 インストラクターの役割

インストラクターの役割は、受講者の学習をサポートすることですが、一方的に話して聞かせ、受講者が単に、「ワカッタ」と言えばよいというものではありません。

研修を通して、受講者本人が、より良い考え方、より効果的な行動を見つけ、職場で実行し身につけていく方向に導く、という役割が期待されています。

インストラクターの役割とは

インストラクターは、経営活動の担い手となり、経営政策や経営戦略を実現できる能力を備えた人材を育成することが期待されている。それは必要な期日までに、必要な能力が受講者に身につくよう、働きかけていくことが責務となる。

つまり、インストラクションを行うことによって、知識、技能、考え方、意識、価値観など、受講者の現状に変化をもたらし、受講者本人がその内面において、より優れた、より効果的な考え方や行動を見出し、実行していくことをサポートしていくことである。

◎**インストラクターの役割**

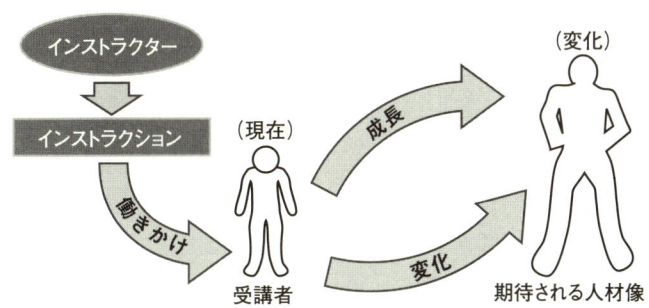

「行動する」「できる」能力を支援する

　受講者を引きつけることは大事だが、受講者が感動して涙を流したり、面白いと言って喜んでも、その場だけで終わってしまったのでは意味がない。もし、「面白い話をして、受講者を感動させなければインストラクターに向かない」と考えているとしたら、それは全くの誤解である。

　そうかと言って、インストラクターはただ研修のテーマに沿って説明し、受講者に理解させればそれでよいというものでもない。

　確かに、知識や情報を与え、理解させるためのインストラクションもあるが、それは、インストラクターの役割の一部と言える。
「分かった」「知っている」だけにとどまらず、「行動する」「できる」能力として身につくよう、受講者に刺激を与え、支援することがインストラクターに求められる役割である。

役割を果たすために

　次に、インストラクターが期待される役割を果たすために留意すべきポイントをおさえておきたい。

① 受講者中心で展開する

　インストラクションは、「受講対象者を中心に、そのニーズに焦点をあてて

進めること」が大原則である。

インストラクターの働きかけの対象が、受講者の能力、考え方、問題点のいずれであっても、インストラクターの役割は、受講者の現状と期待される（将来あるべき）状態とのギャップを埋めようとする働きかけにほかならない。

従って、あくまで受講者を中心に展開しなければならない。

② 受講者の現状から出発する

受講者中心のインストラクションを展開するためには、まず、インストラクターが現在の受講者の知識や技能のレベル、考え方や行動の現状を受け入れることである。「受講者のレベルが低い」「こんな受講者はどうしようもない」と、始めから受講者を否定してしまっては、前に進まない。

インストラクターが受講者に対し、最初から否定的な態度で臨めば、受講者は反発したくなるものである。そうなってしまったら、インストラクションの中身が素晴らしくても、受講者を望むべき方向に導くことは難しいだろう。

◎インストラクターの役割を果たすために

3 インストラクターの基本行動を知る

インストラクターが身につけるべきことはいろいろありますが、まず基本行動を押さえることが、後のレベルアップにつながります。

そこで、インストラクターとしての基本的な行動を頭に入れておきましょう。

① 事前準備は確実、入念に

インストラクションの成否は、事前準備次第と言っても過言ではない。事前準備はそれほど重要なものである。準備が足らなくて失敗することはあっても、準備しすぎが理由で失敗することはないであろう。入念に、確実に準備して臨むようにしたい。

② 内容把握を十分に

インストラクターが内容を把握していなくて、どうして受講者が理解できよう。指導する側が内容を把握すべきなのは言うまでもないことである。

③ 受講者を引きつける工夫を

受講者がインストラクションの内容を当事者意識を持って受けとめるように、受講者にとって関心の高い身近なたとえ話を交えるといった工夫をしたい。それによって受講者は「他人事」ではなく、「自分事」としてインストラクションに耳を傾けてくれるであろう。

④ 受講者と行動をともに

例えば、「机を移動してください」と指図するだけでなく、インストラクター自身も身体を動かすことでリードすることである。また、休憩や食事時間

もなるべく受講者と過ごし、会話をつうじて一体感を持つことも、研修に良い影響を与える。

⑤ 受講者との心のふれあいを大切に

たとえ理屈が正しくても、気持ちの上で納得できなければ人は動かない。インストラクターは受講者の感情面にも配慮し、理解し合える関係を作ることが大切である。時間の制約がある中で受講者全員と個々に心を通わせるのは難しいが、努力したいものである。

第 1 章　教育研修スタッフ（インストラクター）の基本

4 インストラクターが備え持つ要件

インストラクターに向く人、向かない人は、どこで決まるのでしょうか？　ここでは、インストラクターがベースに備え持っていたい要件について、考えてみることにしましょう。

誤解されやすいインストラクターの要件

「話が下手だからインストラクターに向かない」
「人前に立つのはどうも苦手で…」
"優秀なインストラクターだ"と誰もが認めるような人物から、しばしば聞かれる意外な言葉である。さらに、よく話を聞いてみると、「自分は、話が下手で人前ではあがる方だから、人一倍時間をかけ、しっかり準備をしなければ」と言うのである。この準備の確かさが、何よりもその人のインストラクションを支えているのだが、当人はもともと話のうまい人、人前に立つのが大好きな人がインストラクターとして成功すると思い込んでいるのである。

インストラクターとしての要件は、どうも誤解されやすいようである。

要するに話のうまい人、知識が豊富な人が良いインストラクターになるかというと、必ずしもそうではない。そういう人が向いていると思われがちなだけである。

むしろ、人前で話すのが苦手という人の方が、先の例のように、準備や練習をしっかり行い、受講者に理解してもらえる工夫、努力をするようだ。インストラクターとして成長していくために最も大切なことは、そういった地道な準備や努力を積むことなのである。

◎誤解されやすい要件

誤解されやすいが次の要件は、必ずしもインストラクターの絶対条件では

ない。

- 話が上手
- 学歴が高い
- 字がきれい
- 資格を持っている
- 文章がうまい

必ずしもインストラクターの絶対条件ではない

インストラクターとして備えたい基本的要件

　インストラクションの準備、練習、工夫を積み重ねることが大切だが、その前提として、インストラクターは、次にあげる6つの要件をベースとして備え持ちたい。

① 業務に精通している
② 人材育成に熱意・意欲が持てる
③ 立ち居振る舞いにメリハリがある
④ 知ったかぶりをしない
⑤ 探求心がある
⑥ 人間的に魅力がある

5 インストラクターに必要な能力

インストラクターに必要とされる能力は、「知識」「技能」「態度・姿勢」の3つに分けて、考えることができます。
最初からどれも完璧だという人はなかなかいません。知識と経験を積み上げ、自分の強みを伸ばし、弱い部分を克服していくことが肝要です。

知識面では2つの側面が必要

インストラクターに必要な知識には、次の2つの側面がある。

①「教える内容それ自体」の知識

まず、教える内容についての専門的な知識が必要である。それがなければ、自信を持ってインストラクションができない。

表面的な知識だけでもある程度のインストラクションはできるが、受講者を十分納得させるには、その裏付けとなる理論的背景も身につけておく必要がある。

②「教える方法」についての知識

次に、効果的な伝え方、すなわち、教え方に関する知識である。それがないと、教える内容は十分でも、受講者に伝わらないということになりかねない。

講義法や討議法などの研修技法、動機付けの理論、学習理論などの理論を身につけておくことも必要である。

技能面では5つの側面が必要

◎5つの技能
インストラクターに必要な技能には、次の5つの側面がある。

① インストラクション技術
教え方の知識だけでなく、実際に伝える技能が必要である。特に「話すこと」が基本となる。

② 人間関係を作る力
さまざまな受講者との良い人間関係作りを進めていく力。親しみやすさや話しやすさなどインストラクターの人格的な要素や受講者をインストラクションに巻き込んでいく技能など。

③ 情報収集力
社員教育全般にわたる情報の収集や、伝える内容に合わせた事例などを収集する力。

④ 全体を調整する力
研修をどのようにコーディネートしていくかを考え調整する力。目的に合わせたプログラム展開、研修手段の選定など。

⑤ 創造する力
過去のものを繰り返し実施するだけでなく、マンネリにさせない工夫、新しいものへのチャレンジ、研修技法のアレンジなどを積極的に行う力。

態度・姿勢面ではこれが必要

◎**教えることに対する取り組みの態度・姿勢**

　誠実さ、熱意、謙虚さ、受講者とともに学ぶ態度・姿勢が大切である。

さらに求められる行動能力

　インストラクターに必要な能力を、さらに具体的な行動としてとらえると次のようになる。

① **レッスンプランを作成することができる**
　（1）インストラクションの目的・内容の決定、到達目標の具体的な記述ができる
　　　例：テーマの分析の仕方、目標の記述の仕方、問題点の把握など
　（2）インストラクション内容の組立ができる
　　　例：情報収集と情報整理、項目の構造化、組立の仕方
　（3）目的に合わせて適切な技法を選定することができる

② **効果的なインストラクションができる**
　（1）わかりやすく説明できる
　　　例：言葉の選択、話し方など
　（2）質問を確認できる
　　　例：質問の受け答え、質問内容の要約など
　（3）板書等ツールを活用できる
　　　例：板書の仕方、視聴覚機器・教材の使い方など

③ インストラクションの自己評価ができる

（1）途中評価と調整ができる

　例：場の雰囲気をつかむ、場の転換を図る、観察記録をとる、振り返りテストの問題を作るなど

（2）事後の自己評価ができる

　例：インストラクションの改善点を認識できる

④ 受講者とともに学ぶことができる

　例：積極的な聞き方、呼びかけができる、率先垂範ができる、など

6 インストラクターの自己成長

「教えることは学ぶこと」。インストラクターは受講者に教えることで自分が受講者から学ぶことも多いものです。しかし、常に教えているだけでは成長しません。自らを振り返り自己啓発への取り組みを続けていくことが望まれます。

自分自身を見つめよう

　ある程度、インストラクターとしての経験を積んでくると、自分なりのインストラクションのやり方というものが出来上がってくる。

　実は、そういった時期にこそ、現状で満足しないようにしたい。また、マンネリに陥らないように気をつけたい。

　インストラクションの経験を積むほどに、受講者を見る目は肥えてくるが、その一方で、自分自身の振り返りを忘れないようにしたいものである。

　特に、インストラクターは、自分自身のインストラクションについて、他人から干渉や批判を受けることは少ない。

　そこで、自分で自分を見つめる視点が重要になってくる。受講者の立場に立って、自分のインストラクションを振り返り、不足を補うための工夫や努力をする。「もっとよいインストラクションはできないか」「効果的な進め方は他にないか」など、積極的に改善を試み、常に、自分自身の課題を発見し、取り組んでいくことが望まれる。

インストラクターの自己啓発課題

　インストラクターとしての自己啓発課題について、まず、考えられることは、インストラクションのスキル・アップである。その課題について考えるとき、本書の「**インストラクションのふり返りチェックリスト　P235〜236**」が参考になるだろう。

　また、インストラクション技術のみならず、業務に関連する専門的知識や技術の向上、人材育成戦略の考え方、ライン部門業務や関連諸制度についての理解、研修の企画とフォローなどに関する研究等、インストラクションを支えるさまざまな分野も自己啓発課題の対象となり得る。

　特に、企業内インストラクターの場合には、業務に関連する知識や技術に関しては、熟知・熟達していることが多いが、より充実したインストラクションを行うためには、さらに体系的・理論的に整理することが必要になってくる。

　いずれにしても、課題達成までの期限、達成レベル、手段や方法などを明確にしたうえで、自己啓発に取り組むことが重要である。

第1章 教育研修スタッフ（インストラクター）の基本

PART❷ 研修のアウトラインを押さえる

1 教育研修目的を押さえる

研修の場がどんなに盛り上がったとしても、研修の目的から外れたインストラクションでは意味がありません。研修プログラムの組立、手段や方法の選択など、準備のすべては、目的に対してどうかという視点で進められなければなりません。

研修目的とその組織的背景をとらえる

　研修の目的を把握するということは、すなわちその目的が掲げられている理由、組織的な背景をよく理解するということである。例えば、その組織の歴史や風土、人員構成、外部経営環境の変化、法律・規制の改正などが背景となりそれらに対応するために、教育ニーズが高まることがある。
　例えば、中堅社員研修の目的として次のような項目が出されたとしよう。

- 中堅社員としての立場・役割を理解する
- 役割を果たすために必要な能力を養成する
- 次期リーダーとしての自己成長課題を具体化する

　これを読めば、誰でも目的を知ることはできる。しかし、インストラクターに必要なことは、表面的な意味をとらえることではなく、その目的の背景にあるさまざまな状況との関連でとらえることである。

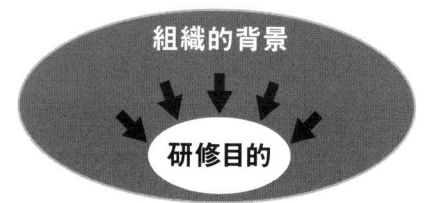

研修目的を多角度からとらえる視点を持つ

次のような視点から研修の目的をとらえてみよう。

- 経営課題との関連
- 人材育成課題との関連
- 現場の状況との関連
- 他の教育機会（OJT・自己啓発など）との関連
- 「誰（受講対象者）を、いつまで（時期）に、どのレベルまで（求められる人材像）」に育成するのかを具体的に描いてみる
- 研修テーマに対して、内容の質はどうかを考える。

[研修目的を多角度からとらえる]

- 経営課題
- 人材育成課題
- 現場の状況
- 他の教育機会・OJT・自己啓発
- 誰・いつまで・どのレベル
- テーマに対して質はどうか?

→ 研修目的

▶【関連】　※巻末資料No.001「研修目的確認シート」245頁参照

2 教育受講者を把握する

インストラクターは、受講者に合わせた研修内容のレベル調整、研修の進行、受講者との関わりを考えなくてはなりません。そのためには、事前に受講者について十分に把握しておく必要があります。

受講者があって研修がある

言うまでもないが、研修は受講者があって成り立つものである。どんなねらい、手段、技法も、受講者を主体に考えないと意味がない。

受講者の状況を把握することは、インストラクションの効果を上げるために必要な条件といえる。

◎**受講者を2つの側面から把握する**

受講者は、何らかの社内的な基準に従って集められたとしても、実質的には、一人ひとり名前や顔が違うように、研修に対する意識、理解力などに個人差がある。

事前に受講者の意識や能力のすべてを把握すると言っても、現実には難しいが、知り得る個人情報から、ある程度は把握しておきたい。

そこで受講者の把握にあたっては、次の2つの側面から情報や特性をとらえるようにするとよい。

① 集団としての側面
　→ どういう基準で集められた人たちなのか？
② 個人としての側面
　→ 氏名、年齢、所属などの個人的な情報

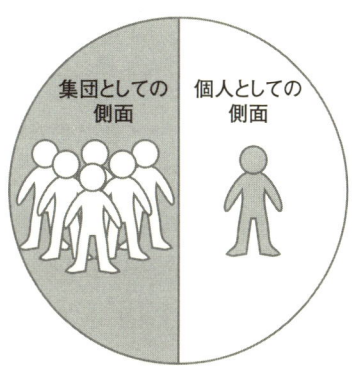

受講者を知るための情報・特性

◎集団としての情報・特性

- 全体人数
- 選抜の基準（階層、職種、経験年数）など
- その集団のメンバーに共通する課題や問題点
- その集団に期待されるレベルや役割

◎個人としての情報・特性

- 氏名
- 年齢
- 所属部署
- 職場経験年数
- 本人の仕事の内容、担当範囲
- 本人の性格など
- 本人の主な仕事の実績
- 取得資格
- 過去の研修履歴
- 過去の職歴や仕事の経験
- 本人が所属する職場の風土、雰囲気
- 本人の上司、部下について

▶【関連】　※巻末資料No.002「研修受講者名簿」246頁参照

第 1 章　教育研修スタッフ（インストラクター）の基本

受講者の状況に合わせた
フレキシブルな対応

　受講者の状況をよく把握することによって、インストラクターは、受講者に対してきめ細やかな対応ができる。

◎**例えばこんなふうに…**

「後輩指導」というテーマで中堅社員研修を実施するのだが、実際の職場に後輩がいない受講生が数人いることが事前に把握できたとする。

　その場合、研修スタート段階で、受講者全体に、次のような呼びかけをした。

状況対応

「この中には、今現在、ご自分の所属組織には後輩がいないという方もあるようです。そういう方にとっては、研修に参加してもあまり意味がないと思われるかもしれません。けれども、近い将来、先輩という立場になる可能性は十分あります。これから先に、自分が先輩と呼ばれる時のことを想定して、話を聞いていただきたいと思います。また、他部門であっても、後輩には変わりありません。組織の中では、先輩としての立場や役割を理解した上での行動が求められています。」と、研修導入時に一言添えたのである。

　少し立場が違うというだけで、受講者は「自分には関係ない」「つまらない」「やってもムダだ」という気持ちになりやすい。研修中、終始そのような気持ちで受講していたら効果は上がらない。前もって、受講者の状況をつかんでいれば、先のような手を打つことができるというわけである。

▶【関連】　※巻末資料**No.003**
　　　　　「新入社員フォロー研修事前アンケート」247頁参照

◎**例えばこんなふうに呼びかけを**

- 「さて」…と間を置く
- 「どうでしたか」…と受講者を見る
- 「疲れましたか」…と笑ってみる
- 「何かありますか」…と特定の人を見る
- 「さっきのは難しかったですか」…と不安を除く

第 1 章　教育研修スタッフ（インストラクター）の基本

> ### 3 教育研修全体の流れをつかむ
> 研修には、計画・実施・評価までの一連の流れがあります。
> インストラクションを行うのは研修実施段階ですが、インストラクションの質を高めるにはその前後を意識することです。

研修全体の流れ

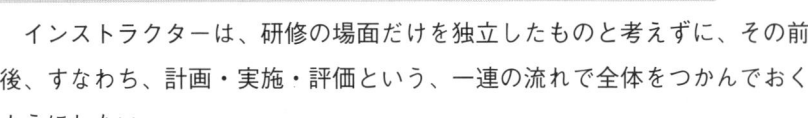

　インストラクターは、研修の場面だけを独立したものと考えずに、その前後、すなわち、計画・実施・評価という、一連の流れで全体をつかんでおくようにしたい。

　研修の事前・事後をつかんでいれば、「行き当たりばったり」「その場限り」「やりっ放し」といったインストラクションにはならないはずである。

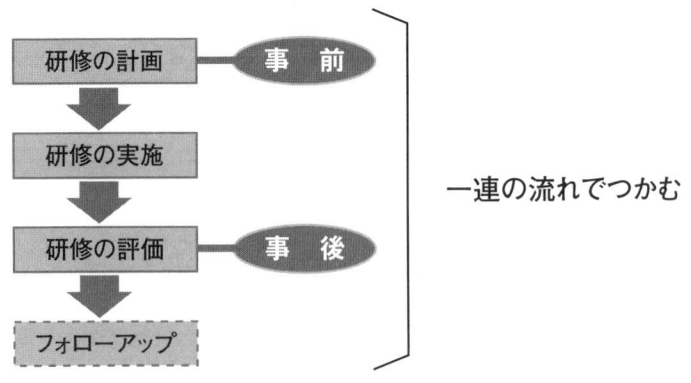

研修全体をつかむには

　インストラクションの場面だけを"点"で見るのではなく、その前後を含めた"線"で見るということが研修全体をつかむということである。
　計画（研修の事前）、評価（研修の事後）を把握するには、次のようなポイントに目を向けチェックする。

◎計画（研修の事前）段階のチェックポイント
- 人材育成ニーズは何か？
- 研修ニーズは何か？
- 教育体系のどこに位置づけられるのか？
- 研修制度、人事制度との関連はどうか？
- 他の教育機会（OJT、自己啓発など）との連動はどうか？
- 研修目標は何か？

◎評価段階（事後）のチェックポイント
- 実施した研修の効果測定・評価はいつ行うのか？
- 実施した研修の効果測定・評価はどのように行うのか？
- フォローアップについてはどのようにするのか？
- 研修そのものの見直しについてはどのようにするのか？

4 教育研修運営を理解する

研修は、インストラクションだけで成り立つわけではありません。インストラクションが表舞台ならば、そこには必ず、裏方となる運営準備があります。

運営を研修事務局に任せるという場合であっても、インストラクターは運営について理解しておくようにしたい。それはよい研修を作り上げる前提です。

※ここでは、研修を実施する上で、インストラクションを除いた部分の運営について、特にインストラクションと直接的に関係する点を取りあげて説明する。
※なお、研修終了後の運営については、本書「**第5章　PART⑩**　223頁研修実施後の評価とフォロー」で解説している。

研修運営の流れ

研修は、次のような流れで運営される。

事前準備
- 研修の企画・打合せ
- 受講者の選定
- 受講者への通知・案内
- 教材・備品等の準備と確認

会場運営
- 研修会場の設営
- 教材・備品等のセッティング
- 開講と閉講
- 研修中の注意事項の徹底
- インストラクション進行のサポート

研修終了後の運営

- 効果測定
- 研修評価
- 研修のまとめとフィードバック
- 研修後のフォローアップ

受講者の選定

　研修受講者の選定にあたっては、「何のためにこの研修を行うか」という研修のミッションを明確にすることが重要である。

　ミッションが明確になればおのずと受講対象も絞られてくることがある。

　研修参加にふさわしい人材を選ぶには、単一の方法に片寄らず、複数の選定方法の中から、適切なものを検討するようにしたい。

◎**受講者の選定方法（選定基準）のいろいろ**

（例）

- 上司の推薦
- 自薦
- 試験による選定
- 昇格昇進の直前あるいは直後に該当する人
- 新しい職場に就いた人
- 年齢
- 担当業務
- ヒアリング結果
- 職場のキーマン
- 職場あるいは職種の転換時
- サーベイの活用

教材・備品等の準備・確認

　事前準備の段階での教材・備品等の準備や確認作業は、チェックリスト等を活用して、モレのないようにする。

　教材・備品等は、念のためを考え、余分に用意しておくとよい。

▶【関連】　※巻末資料No.008本書252頁
　　　　　　「補助教材・備品等のチェックリスト」参照

研修会場の設営

　研修会場作りでは、次の点がチェックポイントになる。

◎**研修会場作りのチェックポイント**
　　① テーブル、椅子の高さ、大きさ
　　② テーブルは可動式かどうか
　　③ 板書用ボードと座席との距離（離れすぎていると読めない）
　　④ 照明の調節
　　⑤ 防音設備
　　⑥ コンセントの位置
　　⑦ カーテン（暗幕）・ブラインドの有無
　　⑧ 窓の有無、位置
　　⑨ 時計の有無、位置
　　⑩ 冷暖房の換気口の位置

▶【関連】　※巻末資料No.004「研修会場作りのチェックリスト」248頁参照

座席の配置

　座席の配置は、研修内容、会場の使用可能な面積、受講者人数などによってレイアウトが異なる。

　ただし、次の点はどの場合にも共通するので留意したい。

- 受講者全員から正面中央が見えるようにする
- 受講者の椅子がぶつかり合うことのないようにする
- 受講者の机の間をインストラクターが歩ける間隔をとっておく
- 余分な椅子や机は後方などに寄せておく
- 研修事務局やオブザーバーの机は受講者から少し離れた会場の後方に設ける

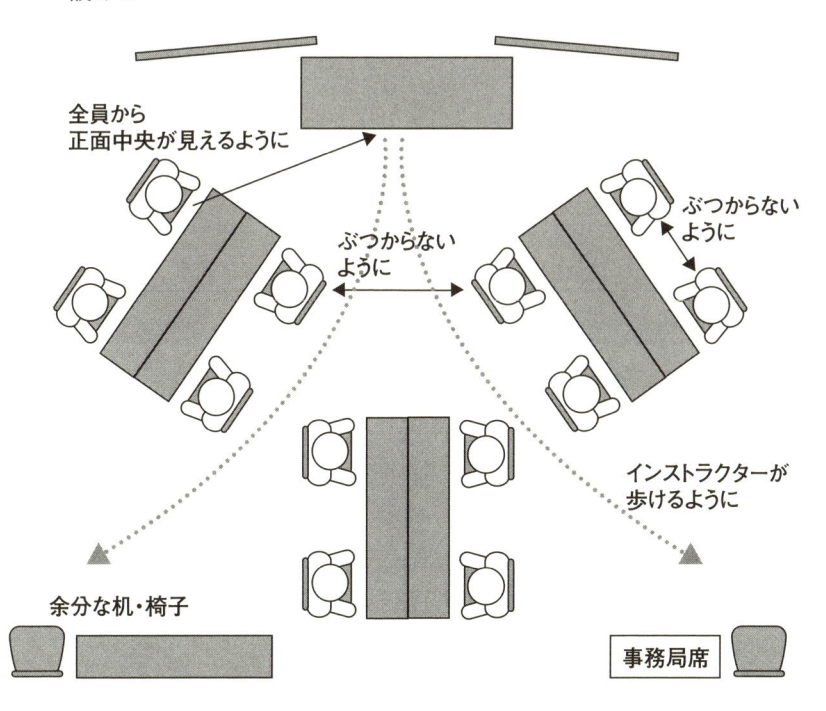

全員から
正面中央が
見えるように

ぶつからない
ように

ぶつからない
ように

インストラクターが
歩けるように

余分な机・椅子

事務局席

会場レイアウト

会場レイアウトにはいろいろなパターンがあるが、ここでは研修の場面でよく使われるポピュラーなものを次頁以後、図示し、紹介する。

◎**会場レイアウトの例**
　　① 講演・劇場スタイル
　　② 学校、学級スタイル
　　③ 対面スタイル
　　④ 重役会議スタイル
　　⑤ V字型スタイル
　　⑥ U字型スタイル
　　⑦ スクエアースタイル
　　⑧ フィッシュボールスタイル
　　⑨ ラウンドスタイル
　　⑩ アイランドスタイル

会場レイアウトの例　①講演・劇場スタイル

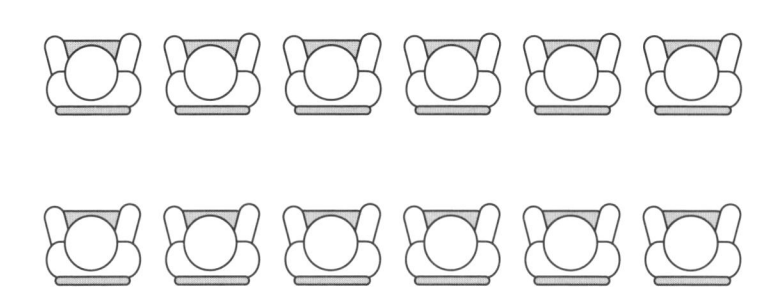

■舞台や演台に向かって、多数の座席が固定されているスタイルである。インストラクターや発表者側からの一方的な情報伝達が中心となる場合に適している。

❗**注意点**▶事前に、受講者の最後列席からマイク音量や映像の見やすさをチェックしておく。万一の故障に備えて予備マイクを用意する、補助的な資料を配布する、受講者からの質疑用ワイヤレスマイク、オブザーバーをつけるなど、状況に応じた配慮が必要である。

会場レイアウトの例　②学校、学級スタイル

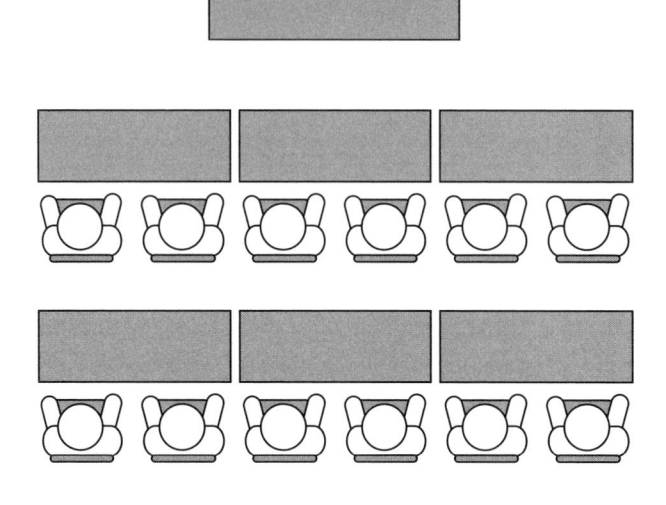

■一般に学校の授業で用いられており、研修においても知識学習、インストラクター中心の講義によく用いられる。受講者の注意をインストラクターに集中させやすい。とくに人数の多い研修では、研修の開始・終了時などに、このスタイルを用いれば、場の雰囲気を引き締め、統一感を持たせることができ、受講者をまとめやすい。

❶注意点▶受講者の気が散らないように、余分な提示物などはあらかじめ取り外しておく。例えば、掛け時計は、できれば教室の後方か、側面に配置するとよい。時計が目につくとつい時間が気になるからである。

会場レイアウトの例　③対面スタイル

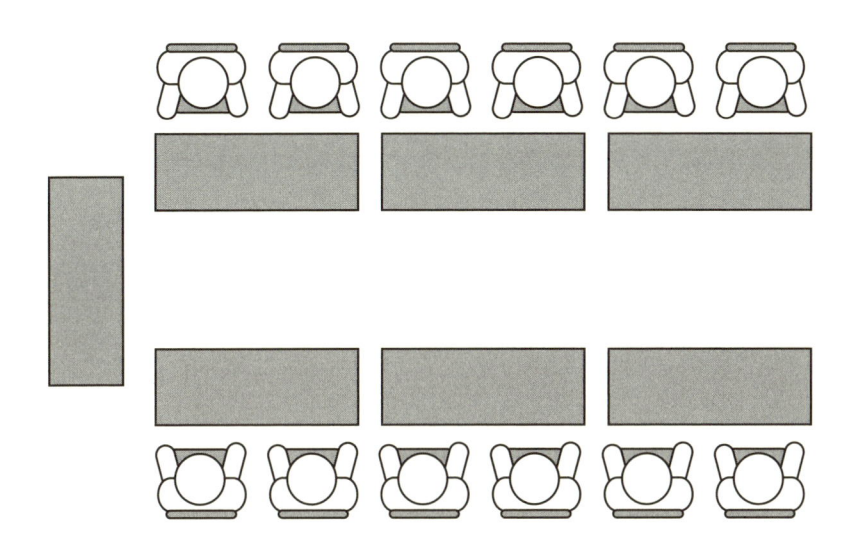

■受講者が中心となって進める実習に適している。内容の進行上、立場や意見の違う人が左右に分かれて座ることもある（例：面接試験官と受験者、ディベートの肯定派と否定派など）。ただし、このスタイルの場合、多くて20名程度が限度である。

●**注意点**▶受講者から見える窓の外の景色にも気を配る。ブラインドをうまく利用して適度に採光を保ちながら、外の風景が見えないようにするのも集中するための環境作りである。

会場レイアウトの例　④重役会議スタイル

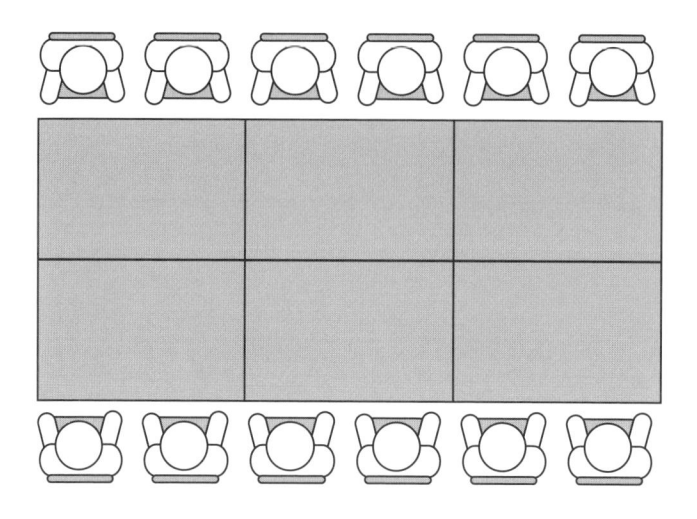

■企業の重役会議でよく用いられているスタイルで、比較的少人数での研究発表や報告、統一見解を出す討議などに向いている。対面スタイルに比べ、机を隣接させ、一つのテーブルを囲んでいるので、協力的な雰囲気を作ることができる。

❶注意点▶ホワイトボードやスクリーンは、できるだけ全員が見やすい位置に配置する。

会場レイアウトの例　⑤V字型スタイル

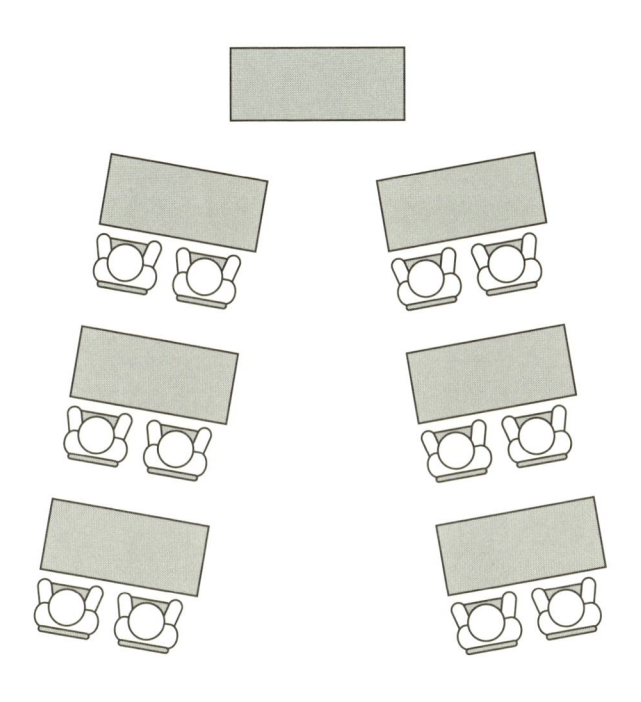

■学校・学級方式の変形。学校・学級方式に比べ、より広いスペースを必要とする。インストラクターから受講者一人ひとりの顔が見やすく、受講者が席を立って移動しやすい。

❗**注意点**▶最後列同士が離れすぎないように、V字の角度を調節して配置する。インストラクターの正面がガラ空きになるようだと会場全体がまとまらない。インストラクターが常に、クビを左右に振りながら話さなければならなくなるので要注意である。

会場レイアウトの例　⑥U字型スタイル

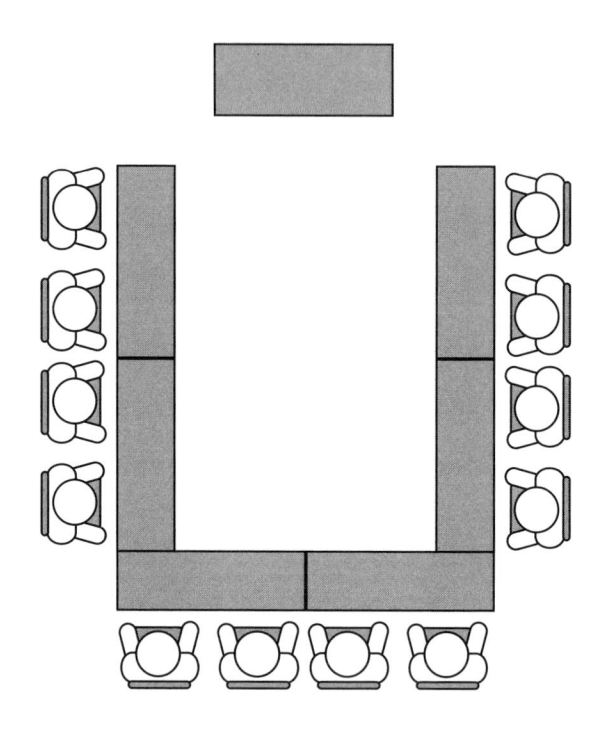

■このスタイルは、真ん中の空いたスペースを自由に使えるのが特長である。インストラクターが容易に受講者に接近できるので、受講者と積極的に交流が図れる。また、ロールプレイングの観察にも適している。

❶**注意点**▶受講者への接近は、一部の受講者に偏らないよう、公平を心掛ける。インストラクターが真ん中に出て話す時は、横や後ろの受講者にも目配りを忘れないこと。

会場レイアウトの例　⑦**スクエアースタイル**

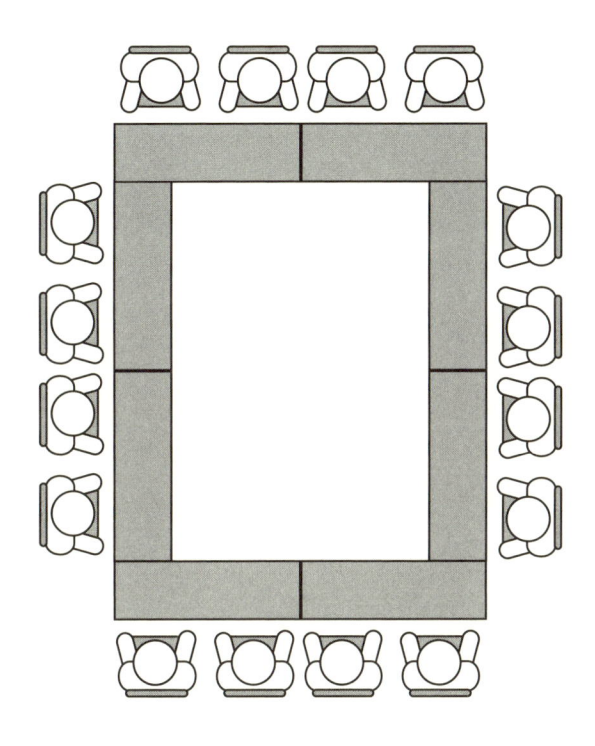

■重役会議方式の人数規模を拡大したスタイルで、ある程度、進行手順が決まっている全体報告や発表などに適している。インストラクターが受講者と同列に座ることで、受講者の主体性を引き出すことにもつながる。

❶**注意点**▶重役会議方式に比べ、人数が多いので複雑な討議には不向きである。全体討議を行う場合には、マイクなしで声が届く程度の規模が適している。

第 1 章　教育研修スタッフ（インストラクター）の基本

会場レイアウトの例　⑧フィッシュボールスタイル

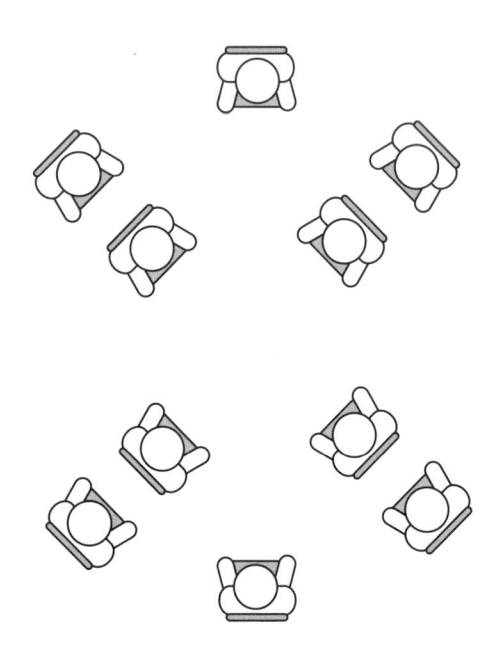

■もともと「金魚鉢方式訓練」に用いたもので、実習向けである。「金魚鉢方式訓練」とは、受講者を実習者と観察者の2つに分け、実習者を内側の円に、観察者を外側の円に配置する。実習者は、討議などのグループ活動を行い、観察者はあらかじめ与えられたテーマやチェックポイントなどに沿ってその活動を観察し、結果をフィードバックする。行動変容やグループ内の状況などを把握する力を養う訓練である。

❶**注意点**▶受講者同士の距離が近すぎたり、遠すぎたりしてグループ活動、観察の妨げにならないように配置する。複数のチームで同時に進める場合は、隣のチームとの間隔にも配慮したい。

会場レイアウトの例　⑨ラウンドスタイル

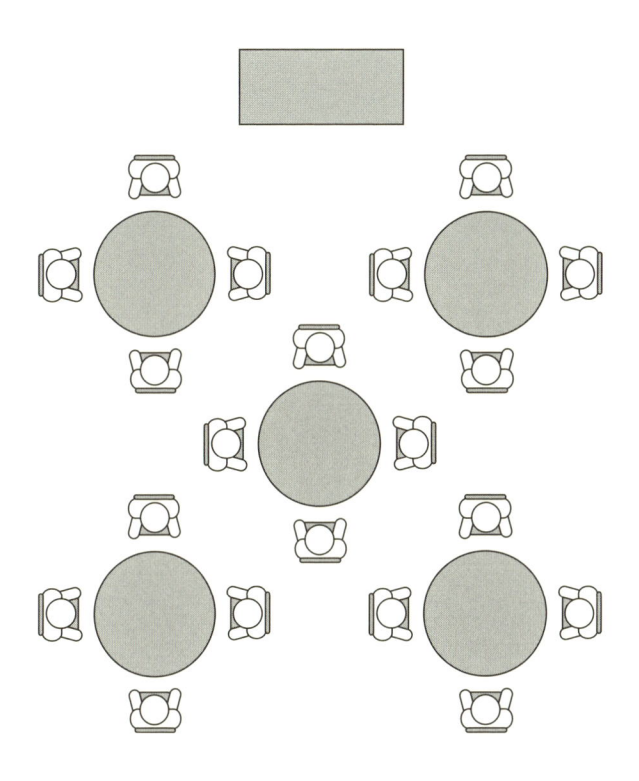

■グループ内で受講者が交流しやすく、グループでの討議や作業などに適している。円卓を囲んで座ることから、なごやかなムードができるので、テーマを設定したフリートーキングなどに適する。

❶注意点▶インストラクターは、正面を向いていない受講者に注目してもらうよう声を掛けてから指示を出すようにする。

会場レイアウトの例　⑩アイランドスタイル

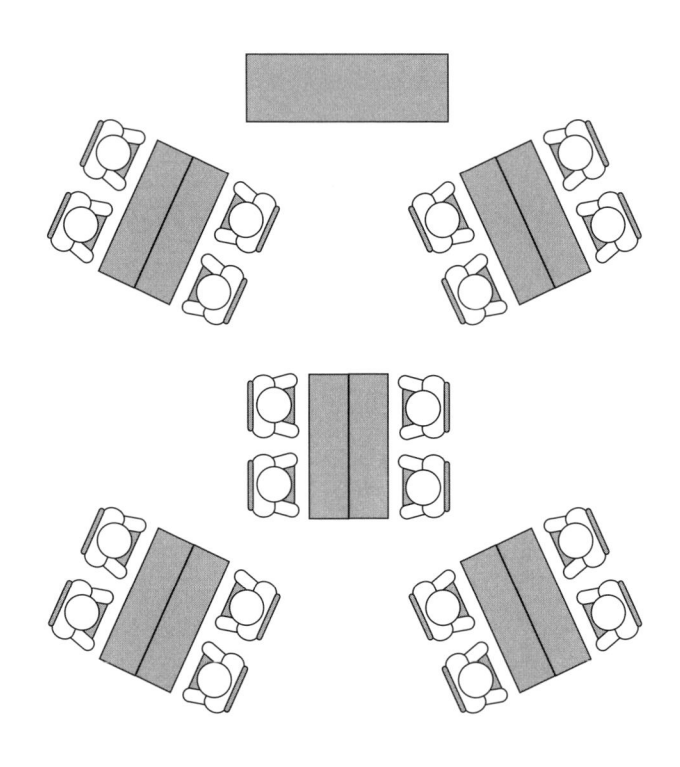

■学校・学級スタイルと並んで、研修で大変よく用いられる。グループ活動が進めやすく、短時間の講義であれば、そのままの状態で行うこともできる。また、グループ内の受講者同士の親交も深まる。

注意点▶ 受講者が黒板やインストラクターに背を向けることのないように、机の配置角度に注意する。作業の指示を出す際は全員が注目していることを確認してから話すようにする。

教材・備品等のセッティング

◎研修テキスト
- 受講者の手元に配布するテキストは、受講者が会場に集合する前に各机の上にセットしておく（内容進行上、支障があるときは例外）。

◎インストラクターが使用する教材・備品
- 研修会場内に設けられたインストラクター用の補助机（教卓の脇のもう一つの机）の上にセットしておく。

◎シート類
- インストラクターが研修事務局の机にセットする（誰が配布するかによる）。
このとき、配布する順序をそろえる、内容が事前に受講者に見られては困るものは伏せて置くなど、細かい点にも配慮する。

◎教材・備品などの再確認
- 受講者が使う教材・備品は、すべて、教材などを置くための机に並べて、すぐに使える状態にしておく。
- すべての教材・備品が間違いなくそろっているかどうか、再度確認しておく。

コラム 1
どうして私が社内インストラクターに

○どうしてインストラクター依頼がきたのか

　社内インストラクターを依頼されたら、当然なこととして何を話したらよいかということを依頼者に聞くでしょう。ところが、「どうして私に頼んだの」と訊く人は少ないものです。あなたにインストラクターを頼むからには、それなりの理由や背景があるのですから、それを訊いてみるといいでしょう。

　例えば、前年までは外部のインストラクターに依頼したものを内部で実施ということになったので、というものがあります。

　すると、依頼者の本音の答えが返ってきます。これが社内インストラクターを依頼されたあなたへの期待なのです。

　その理由を聞いてみると、

- あなたなら間違いがないと思ったから
- このテーマの技術に詳しいから
- 年齢が受講者に近いから
- 職場への影響力があるから

　こういったことが、社内インストラクターを依頼されたあなたへの期待なのです。これを正しく理解することです。

○目線は受講者と一緒に

　これまで著者は、多くの社内インストラクターを育ててきました。その中で「あの人は話が上手だから」という理由だけでインストラクターを選んだということはあまり覚えがありません。

　そもそも、あなたが「話すこと」を職業としているのでなければ、上手に話そうと考える必要はありません。期待されているものに応えることが出来れば、それでよいのです。

　人前で話している人を見ると、「あの人はたいしたものだ！」「さすがに専門家だ」といったように羨望の眼差しを持って見るのが一般的です。逆の見

方をすれば、人前で話すことにより、「私は選ばれたんだ」と思い込みたくなるものです。この「選ばれた」という意識を持つことは大切なことです。しかし、それが強すぎると、つい自分勝手な講義をしてしまい、本来の期待に応えられないということになってしまうのです。期待に応えられない程度ならまだよいのですが、我を通すあまり、組織の方向性から離れてしまうことになりかねません。

○「あいつの言うことだけは聞きたくないよ」と言われないために

　社内インストラクターの場合、普段の仕事ぶりを受講者が見ているのです。先輩・上司が受講していることもあります。普段いい加減に仕事をやっていたら、いざインストラクターとして話すとなっても、著者が社内インストラクター養成をして困ったことに、「あいつの言うことだけは聞きたくないよ」「お前にだけは言われたくないよ」という社内インストラクターに対する拒絶反応がありました。

　そういう状況にある社内インストラクターに著者がアドバイスしたのは、「受講者から求められているのは、あなたの技術知識であり、それ以上のものを求めていないと割り切った方がよい」ということでした。

　この私の一言により、彼は技術一点に集中した講義を行うようになり、無事社内インストラクターを果たすことができたのです。

○基本となるインストラクションスキルを身につける

　「あいつの言うことだけは」などと言われないためには、日頃の行動に余程気をつけなければいけないということになるでしょうか。必ずしもそういうことではないと思います。今更これまでの職場生活のあり方を無理に変える必要はありません。むしろありのままの自分が持っている情報、知識、経験などを研修で表現すればよいのです。そのためには、インストラクターとし

column

ての基本のスキルを身につけていることが前提となります。

　社内インストラクターの大抵の人は、家族に話す時は大雑把でよいが、他人に話す時はそうもいかないと考えています。相互の理解程度や立場によって、話の丁寧さは違って当然です。

　自分と年齢が離れた受講者や、知識レベルの違う人達に講義するとなると、「かみ砕いて話そう」「実習を入れてみよう」などと配慮し、インストラクションスキルを高めようということを考えるはずです。この当たり前の気配りや工夫が基本なのです。

まず考えてみよう

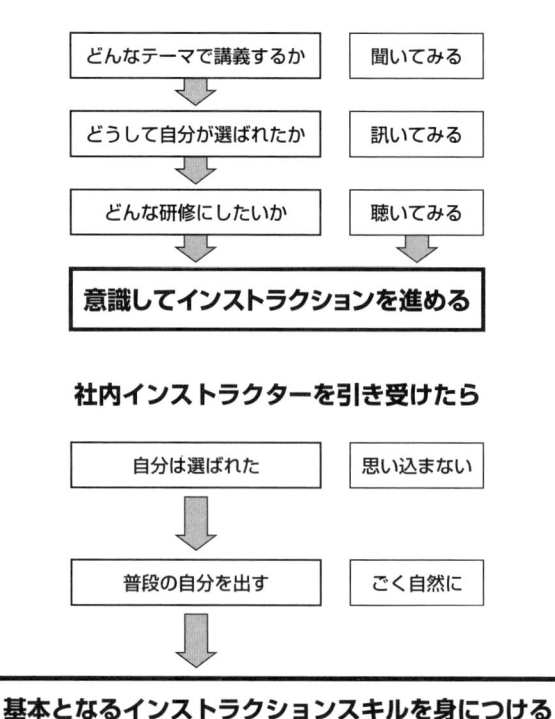

どんなテーマで講義するか	聞いてみる
どうして自分が選ばれたか	訊いてみる
どんな研修にしたいか	聴いてみる

意識してインストラクションを進める

社内インストラクターを引き受けたら

| 自分は選ばれた | 思い込まない |
| 普段の自分を出す | ごく自然に |

基本となるインストラクションスキルを身につける

第2章
教育研修事前準備を工夫する

PART❸　研修プログラムを準備する
1. 教育研修プログラムの展開
2. 教育研修テキストの作り方
3. 補助シート・教材の準備

PART❹　インストラクションに備える
1. レッスンプランの効用と内容構成
2. レッスンチャートの作り方と活用
3. インストラクションのリハーサル
4. 当日までにチェックしておきたいこと

〈コラム2　教育研修の目指すところをとらえる〉

PART❸ 研修プログラムを準備する

> ### 教育研修プログラムの展開
> 研修プログラムを作成するには、まず、研修の目的を明らかにし、次に内容を検討して、プログラムにまとめるという手順を踏んでいきます。

研修プログラムの作成手順

① 目的の明確化
- 「何のために行うか」という目的をふまえ、プログラム全体に渡って、共通となる考え方を明らかにする。

② 現状と目標のギャップを把握する
- 「研修を通じてどのレベルまで持っていくか」という研修成果について、現状とのギャップに注目する。
  - 現状把握 → ヒアリング、サーベイなどにより把握
  - 目標設定 → 関係者の意見を参考に、持っていける確実なレベルと可能なレベルを加味して検討する。

③ 伝えるべき内容を決める
- 現状と目標とのギャップを埋めるために、何が必要かを考える。併せて、「時間の位置づけ（いつ）と使用可能な時間（どのくらい）」「受講者レベル」をそれぞれ押さえておく。

④ 内容に適合した手段への落とし込み
- 内容全体の整合性を考えながら、伝えるべき内容に合った手段を選定する。

> ⑤ プログラムへの落とし込み

- ①〜④を一つにまとめ、プログラムの流れを作る。
- プログラムの表現は、できるだけ易しく、受講者に受け入れられるようにする。

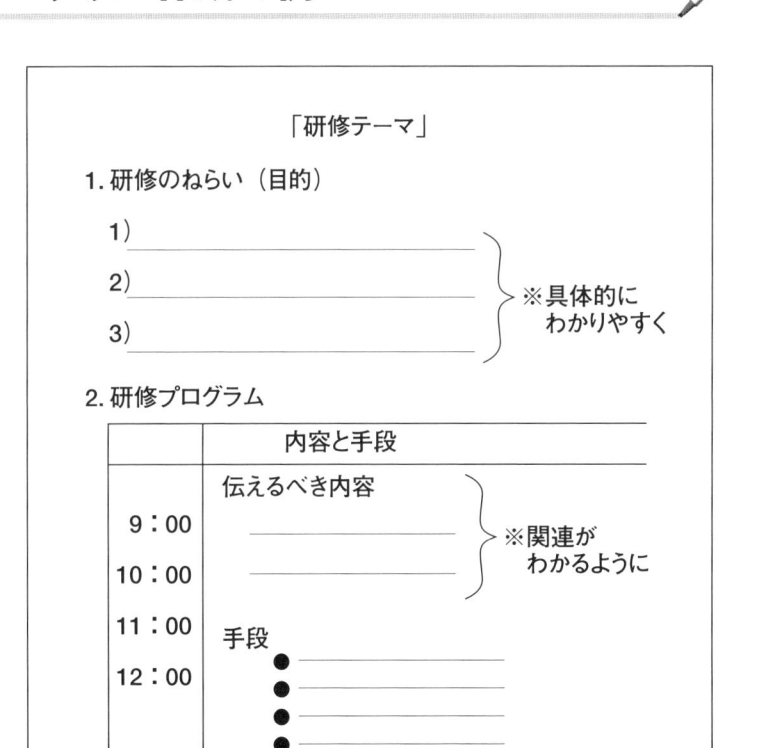

プログラム作成の例

「研修テーマ」

1. 研修のねらい（目的）

   1) ＿＿＿＿＿＿＿＿＿＿＿＿＿＿＿
   2) ＿＿＿＿＿＿＿＿＿＿＿＿＿＿＿ ※具体的に
   3) ＿＿＿＿＿＿＿＿＿＿＿＿＿＿＿ わかりやすく

2. 研修プログラム

	内容と手段
	伝えるべき内容
9：00	＿＿＿＿＿＿＿＿＿＿＿
10：00	＿＿＿＿＿＿＿＿＿＿＿ ※関連がわかるように
11：00	手段
12：00	● ＿＿＿＿＿＿＿＿＿＿＿
	● ＿＿＿＿＿＿＿＿＿＿＿
	● ＿＿＿＿＿＿＿＿＿＿＿
	● ＿＿＿＿＿＿＿＿＿＿＿

プログラム作成時の視点

研修プログラム作成の際には、次の3つの視点から展開すると受講者が理解しやすい。

◎研修プログラム作成の3つの視点

> ①大きな概念から小さな概念へ展開する
> ②手順に従って展開する
> ③打つべき対象に従って展開する

① 大きな概念から小さな概念へ展開する

物事を理解するためには、体系的であるとよい。研修プログラムの作成で基本となるのはこの考え方である。すなわち、大きな概念から小さな概念へ、総論から各論へと展開することによって、研修プログラムの位置づけ、体系を明確にすることができる。

> 例：マネジャーを取りまく環境 ➡ マネジメントの変化 ➡ 職場のマネジメント
> 　　大 ──────────────────────────────────➤ 小

② 手順に従って展開する

何かをしようとするには手順がある。研修プログラムも手順に従って自然な流れを作ることが受講者の理解を促進することになる。特に、技能を中心に研修を展開する場合は手順がより重要になってくる。

同時に、手順のなかでも特に強調したいポイントを押さえておくことも大切である。

> 例：**手順**　〈ま　ず〉　　〈次　に〉　　〈そして〉
> 　　　　　　現状の分析 ➡ 問題の発見 ➡ 目標の設定

③ 打つべき対象に従って展開する

　研修ニーズが多岐にわたり、全体を通じて一つの流れをつけられない場合は、対象に従って分類するとまとめやすい。例えば、経営に関するものであれば、組織を対象として、その内側と外側というように分けて考えてみる。そうすれば、「市場戦略」と「メンタルヘルス」のように、一見直接結びつかないテーマも、組織という対象を軸に構成できる。

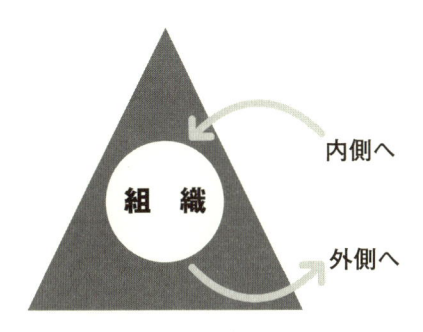

```
         組　織    内側へ
                   外側へ
```

研修プログラム作成のここがポイント！

◎わかりやすく表現する

　研修プログラムに用いる表現や言葉は、誰にでも理解できるようにできるだけ易しく、わかりやすくすることである。受講者が一見して難しいと感じるものは研修参加への抵抗感を抱かせることにもなりかねない。

◎素直に表現する

　読めば何をするかがわかる、どういうねらいかがわかるように、表現する。内容の本質を表す、素直な表現を心掛ける。

◎タイムスケジュールに配慮する

　昼食時間がとれない、夜中までかかるなど、「本当にこんなにできるのだろ

うか？」と思うほど詰め込むのは好ましくない。タイムスケジュールは無理をしないように気をつける。

◎**全体のバランスを考える**
　一つのセッションだけが短すぎたり、長すぎることはないか、全体のバランスを見て調整する。

◎**研修目的との連動を図る**
　研修目的に対して効果的にプログラムを展開することが大切である。殊に目的に対して、スケジュールのバランスが悪い場合には、調整が必要である。

▶【関連】　※巻末資料**No.005**「研修プログラム立案シート①」249頁参照
　　　　　※巻末資料**No.006**「研修プログラム立案シート②」250頁参照

2 教育研修テキストの作り方

研修テキストは、できるだけ自社オリジナル版を使いたいものです。そのためには、研修プログラムが決まったら、なるべく早めに作成に取りかかり、細かい点を点検してから使用します。

研修テキストの
準備にあたっての検討事項

◎**研修準備全体の計画に組み込むこと**

　研修テキストの準備は、研修のプログラムが決まったら、早めに取りかかるようにしたい。

　このような作業は、とかく後回しになりがちである。準備の計画立案段階であらかじめ計画の中に組み込んでおくことが肝要である。

　研修の前日になってあわてて、寄せ集めのコピーで間に合わせるといったことは、避けたい。

　外部講師や印刷業者への依頼も日程を明確にしておきたい。

◎**テキストのスタイルを決める**

　研修の内容や形式に合わせて、テキストのスタイルにもさまざまな工夫が必要である。

　（例）
- 1時間程度の講義中心の研修の場合
  →講義のポイントをまとめた簡単なレジュメ程度

- 3日間の研修で実習が入り、研修後も参考資料とする場合
  →後で読み返して、復習できるようある程度の解説を加える

テキストのスタイルを決めるには、次の2つの点を明らかにすることである。

① 目的　　　「何のために」
② 活用範囲　「どこまで使うか」　→　テキストのスタイル決定

テキスト作成の検討事項

① 研修テキストの目的、活用範囲を押さえる
② テキストのスタイルを決定する
③ 外部への原稿依頼の有無を確認する
④ 作成部数を決定する
⑤ 用紙サイズ、バインダーの有無、綴じ方を選定する
⑥ 研修テーマとテキスト内容の整合性をとる
⑦ 文字や図表のバランスを考える
⑧ 「である」調か、「ですます」調か、表現を統一する

▶【関連】　※巻末資料No.007「テキスト作成の検討シート」251頁参照

テキストの作り方①

テキスト作成にあたっては、次のような点がポイントとなる。

◎ページの構成

1. 企業を取りまく環境 ………※各ページに表題を入れる

1) 外部環境の変化

（余白） ………※必要に応じて受講者が記入できる余白をとる

2) 内部環境の変化

※1ページ内にあれもこれも内容を盛り込みすぎないようにする

3) 企業戦略の重要性

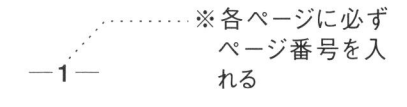

—1— ………※各ページに必ずページ番号を入れる

第 2 章　教育研修事前準備を工夫する

テキストの作り方②

◎講義の対象となる内容ページを作る場合

- ポイントを中心に作る
- 講義で解説する部分について、図解できるものは、見てわかるように図で表しておく

◎参考や関連となる資料ページを作る場合

- 資料番号や図表番号など、統一的に明示しておく
- 必ず表題をつける
- 文字の大きさは資料により異なってもよい
- 用紙サイズは、テキストサイズに合わせる
  A4テキストならば、A4もしくは、納まらなければ、A3を折りたたんで揃えて使う
- 他の文献やインターネットのサイトなどから引用した場合は、必ず出典を明記する

◎理解を深めるページを作る場合

- 受講者が問題意識を持つ切り口となるような質問や考察などを入れる
- 理解度を確認するために練習問題を加えるのも有効である
- 理解促進テストや練習問題などの解答を入れる場合は、すぐには見えないように編集にする

テキストの作り方③

◎概念図や関係図を挿入する場合

- 詳細さよりも、むしろ印象に残ることを優先する

- ポイントを絞る
- 図形は5つ程度でまとめる

◎**フローチャートにまとめる場合**
- 左上を始点に、上から下へ、左から右へ流れるように作るのが原則

◎**全体の注意点**
- 誤字、脱字、誤植、不適切な用語がないかなど、十分にチェックする

第2章　教育研修事前準備を工夫する

> ## 3 補助シート・教材の準備
> 研修テキストを補助するシートや教材の準備は、テキストの作成と同時進行で進めるようにします。うっかり忘れないよう気をつけます。

補助シートの準備

　補助シートは、演習などの際、そのつど受講者に配布するものであり、渡されたらすぐに受講者が読めるように作成する。

◎補助シート作成上の注意点

- レイアウトを決める
  - →受講者がわかりやすいように、シートのフォームと表現方法を統一する。

- 整理しやすい番号をつける
  - →整理しやすいように、また、配布のタイミングを統一するために、テキストとの関連がわかるよう番号を付すとよい。

人材育成のガイドライン　教育研修スタッフマニュアル

補助シートのフォーム例

※整理しやすいように

章　頁　シート
　　　　連番

「シート名」

シート No. ○-○-○

◇ねらい

　1)＿＿＿＿＿＿＿＿＿＿＿＿＿＿＿＿＿
　2)＿＿＿＿＿＿＿＿＿＿＿＿＿＿＿＿＿

◇手　順

　step.1 ＿＿＿＿＿＿＿＿＿＿＿＿＿＿
　step.2 ＿＿＿＿＿＿＿＿＿＿＿＿＿＿
　step.3 ＿＿＿＿＿＿＿＿＿＿＿＿＿＿

◇注意事項

　● ＿＿＿＿＿＿＿＿＿＿＿＿＿＿＿＿
　● ＿＿＿＿＿＿＿＿＿＿＿＿＿＿＿＿
　● ＿＿＿＿＿＿＿＿＿＿＿＿＿＿＿＿

◇内　容

　◎ ＿＿＿＿＿＿＿＿＿＿＿＿＿＿＿＿
　◎ ＿＿＿＿＿＿＿＿＿＿＿＿＿＿＿＿
　◎ ＿＿＿＿＿＿＿＿＿＿＿＿＿＿＿＿

第 2 章　教育研修事前準備を工夫する

補助教材の準備とポイント

　ビデオ、パソコン、スライド、チャート、ゲームなど、研修で必要な補助教材についても、入念にチェックし、確実に準備しておかなければならない。

◎**補助教材のチェックポイント**
- 研修会場までの運搬
  →教材が大きい場合は会場までの運搬方法を検討しておく必要がある。とくに、会場が遠方である時は発送の時期に気をつけたい。

- 準備期間は十分に
  →教材を購入する、借りる場合には、早めに手配しておくこと。当日に間に合わないというような不備がないよう手配する。

- 内容の再点検
  →いざ使う段階になって、中身が違っていたということのないよう、入念にチェックをする。

◎**もしも…を想定して準備する**
　補助シート・補助教材は、予備を準備する。進行具合によって、別の補助シート・補助教材が必要になる場合も想定して準備をしておく。

▶【関連】　※巻末資料No.008
　　　　　「補助教材・備品等のチェックリスト」252頁参照

PART④ インストラクションに備える

> **1 レッスンプランの効用と内容構成**
>
> 研修準備の中心は、何といってもレッスンプランの作成です。研修全体の流れを作るためには、たとえ定型のプログラムを用いる場合であっても、研修の枠組みを押さえながら、インストラクター自身の手で作成するのがベストです。

レッスンプランの効用と内容構成

◎**レッスンプラン作成の効用**

レッスンプランの作成には、次のような効用がある。

- 研修時間の有効活用とコントロール
- インストラクターの自信と余裕
- 受講者の理解度に合わせた内容構成
- 受講者に合わせた使い分けが可能

◎**レッスンプランの内容構成**

レッスンプランの作成にあたっては、次のような内容を含ませる。

① 時刻、所要時間
② 研修内容項目
③ レッスンの進め方
④ 使用教材、備品等
⑤ 運営上の留意点、注意事項

第2章　教育研修事前準備を工夫する

レッスンプランの作り方

レッスンプランは、次のようなステップで作成する。

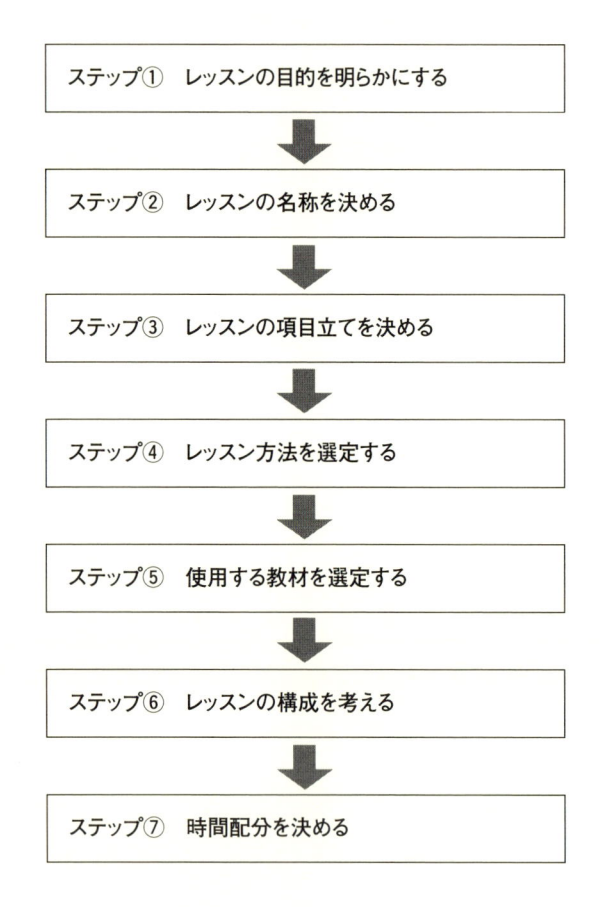

```
ステップ①　レッスンの目的を明らかにする
        ↓
ステップ②　レッスンの名称を決める
        ↓
ステップ③　レッスンの項目立てを決める
        ↓
ステップ④　レッスン方法を選定する
        ↓
ステップ⑤　使用する教材を選定する
        ↓
ステップ⑥　レッスンの構成を考える
        ↓
ステップ⑦　時間配分を決める
```

▶【関連】　※「第3章　PART❻　■講義の進め方」101頁参照

レッスンプランの作成例とポイント

◎作成例

時間	項目（所要時間）	内容・教材・ポイント	備考
9：05	[組織人としての期待] 《75分》 1. 組織の中で期待される行動を学ぶ （50/75分）	＜ここでは新入社員向けに展開する＞ さて、先程は、組織とは何かについて考え、学んだわけですが、今後は、その組織の中で、皆さん自身に何が期待されているかを考えてみることにしましょう。そこでこれから実習の進め方を説明します。 ＜進め方＞ これからの実習は、グループで作業をしていただきます。 ①まず、個人で3項目以上、カードに書き出していただきます テーマは、「新人社員に期待されていることはこれだ」 考える時間は5分間です。	グループ実習 進め方を板書 備品配布 カード4×8cm 各自5枚 模造紙 各グループ1枚 マジック（黒・赤）各グループ数本ずつ

［①[組織人としての期待]］

（自分の話し言葉で）

第2章 069

第2章　教育研修事前準備を工夫する

◎**台本を書くように自分の言葉で**
　レッスンプランでは、実際の研修場面を想定して、インストラクター自身の話し言葉で台本を書くように作るのがコツ。
　これには時間がかかり、かなり細かい作業だが、研修内容を自分のものにするためには、欠かせない準備である。要点や項目のメモだけのレッスンプランは、長時間の講義で、思わぬ方向へ脱線してしまう恐れがある。手を抜かずにきっちり準備しておきたい。それが当日の余裕につながるのである。

2 レッスンチャートの作り方と活用

レッスンチャートは、講義の流れを図解とキーワードでまとめたものです。レッスンプランとレッスンチャートを併用することで、立体感のある、よりインパクトの強いインストラクションを行うことができます。

レッスンプランとレッスンチャートの効用

レッスンプランとレッスンチャートは、それぞれ次のような特徴がある。インストラクションにあたっては、レッスンプランを作成し、併せてレッスンチャートを作成しておくと効果的である。

	レッスンプラン	レッスンチャート
効用	●インストラクションに流れを作る ●インストラクションを確実に進める （軌道から外さない）	●インストラクション内容を自分のものにする ●インストラクションのインパクトを強める
表現	●シナリオのように話し言葉で書く	●図表とキーワードで書く

レッスンチャートの作り方

　レッスンチャートは、研修の１セッションを目安に、45分〜120分の内容を用紙１枚にまとめる。

　このとき何か資料を見ながら書くのではなく、全体の流れを考えながら作っていくようにする。レッスンチャートの表現は、言葉でなく、図が中心になる。図で表すためには、文章以上の理解力が必要になる。従って、レッスンチャートを作ることにより、内容を自分のものにしていくことができるというわけである。

◎**作成手順**

① 整理
- 前に作成したレッスンプランの内容を、自分なりに頭の中で整理する。

② 作成
- 次に、全体の流れを考えながら、各項目を「**図とごく短い文章**」を用いて表していく。このとき、項目から項目へと移っていくための切り返しと導入になるのが、「**キーワード**」である。それを考え、項目をつないでいく。

③ 確認・修正
- レッスンチャートができあがったら、全体に目を通す。
  ① 最初から最後までの流れはよいか？
  ② 相互関係の配列は適切か？
- 流れに無理があれば、具合の悪い箇所を書き直して、全体を整える。

▶【関連】　※巻末資料**No.009**「レッスンチャート作成シート」253頁参照

レッスンチャートの活用

　レッスンチャートは、まず作成すること自体に大きな意味がある。

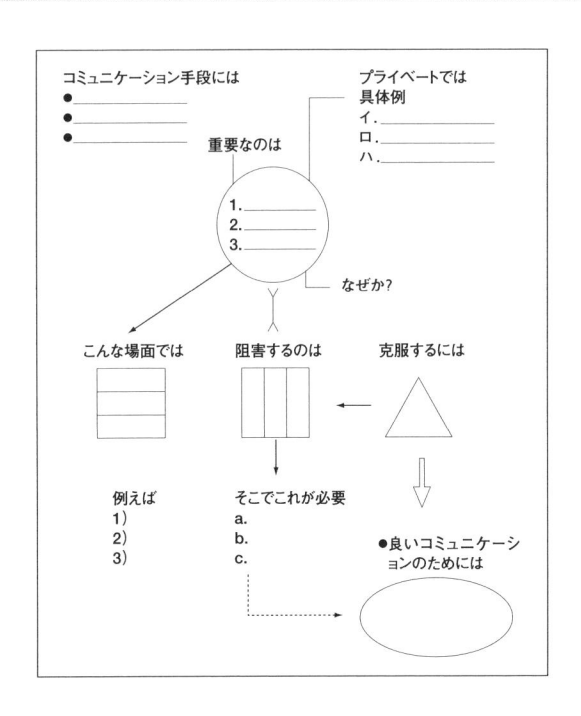

　できあがったものは、インストラクションの際、レッスンプランと併せて用いるが、レッスンプランの内容がほとんど頭の中に入っているのであれば、レッスンチャートをきっかけに、確認しながら進めればよい。

　また、レッスンチャートは、セッションごとに写真を撮ったようなものであり、その全体像が一目でつかめる。従って、いろいろなセッションを組み合わせて、別の研修をアレンジするときにも活用できる。

レッスンチャートのサンプル

3 インストラクションのリハーサル

初めて担当する研修、あるいは内容や手順の複雑なセッションについては研修前に、当日の研修プログラムの進行状況を具体的に想定し、インストラクションのリハーサルを行うようにするとよいでしょう。

インストラクションのリハーサルの効用

インストラクションのリハーサルでは、他者の協力を仰いで、時間を費やし、あえて緊張感を味わう様にする。

リハーサルの実施は、口で言うほど簡単ではないが、次のような効果が期待できるので、積極的に行うようにしたい。

- 疑似体験によって、実感がつかめる
- レッスンプランの最終チェックができる
- インストラクターの個々の持ち味の活かし方を研究、発見できる
- インストラクション上の欠点を見つけ、改善方法を研究できる
- インストラクション技術の効果的な活用を学べる
- レッスンプランの効果的な展開方法を学べる

リハーサルの進め方

受講者に代わり、インストラクター同士、または、第三者を観察者として置き、講義や演習の指導内容、展開の方法、質問の仕方、黒板やチャートの使い方などについて、相互評価を行い、効果的なインストラクションにつなげるようにする。

◎手順

① 状況を設定
⬇　● 設定事項→課題、時間、対象、人数、形式など

② リハーサル準備
⬇　● 準備事項→レッスンプラン、シート、備品、会場など

③ リハーサルの実施
⬇　● 観察者は気づいたことを書きながら観察する

④ 観察者の評価を中心に相互評価
⬇

⑤ インストラクター本人自己評価
⬇

⑥ 研修当日のインストラクションにつなげる

▶【関連】　※巻末資料No.010
「インストラクション・リハーサル・コメントシート」254頁参照

第 2 章　教育研修事前準備を工夫する

4 当日までにチェックしておきたいこと

研修がスタートするまで準備は続いています。準備時間の多くは、レッスンプランの作成や教材、備品のチェックなどに費やすことになりますが、インストラクター自身の準備も欠かせないことです。

インストラクターの自己管理①

どんなに完璧な研修プログラムも、また、十分に準備された学習内容であっても、それだけで効果を期待できるものではない。最終的な実施・運営は、インストラクターの肩にかかっている。

研修の場で、多数の受講者をリードしていくということは、精神的、肉体的にもかなりパワーが必要である。インストラクターは、常に、ベストコンディションで研修に臨めるようにしたい。日頃から、体調を整える、精神面での充実を図るなどの自己管理は大切である。

◎体調管理

長い時間立ち通しになる、声を出し続けるなど、長丁場のインストラクションは体力的にハードである。インストラクターは、それに耐え得る体力作りが必要である。

研修当日まで準備に追われ、睡眠不足で顔の表情がさえないようでは困る。風邪をひいて声が出ないのも話にならない。研修日程に合わせて、体調を整えるようにするのは当然のことである。

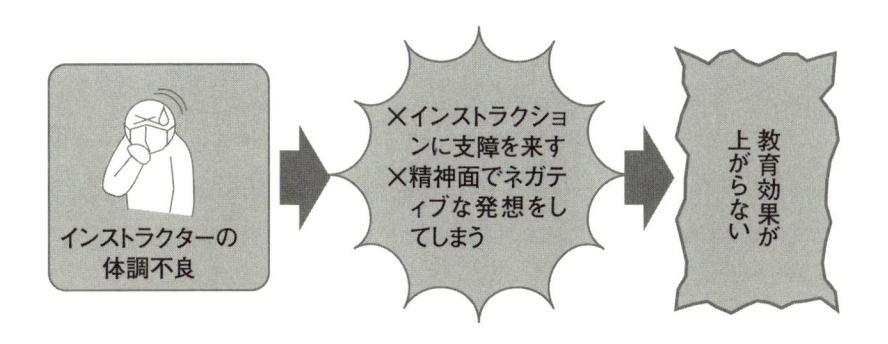

インストラクターの体調不良 → ×インストラクションに支障を来す ×精神面でネガティブな発想をしてしまう → 教育効果が上がらない

インストラクターの自己管理②

◎精神面の充実を図る

　インストラクターには、多くの受講者を説得し動かす力が必要であり、そのためには、体力はもとより十分な気力も必要になる。

　研修当日に合わせ、熱意と集中力を高めるような自己管理を心掛けたい。

　そして、研修中は、講義・指導に没頭すること。何か気がかりがあって、インストラクションに集中できずにいると、受講者とのコミュニケーションにも影響する。全体のまとまりがつかなくなってしまうことにもなりかねない。

　精神面での準備に、"かたち"はないが、大切にしなければならないことである。

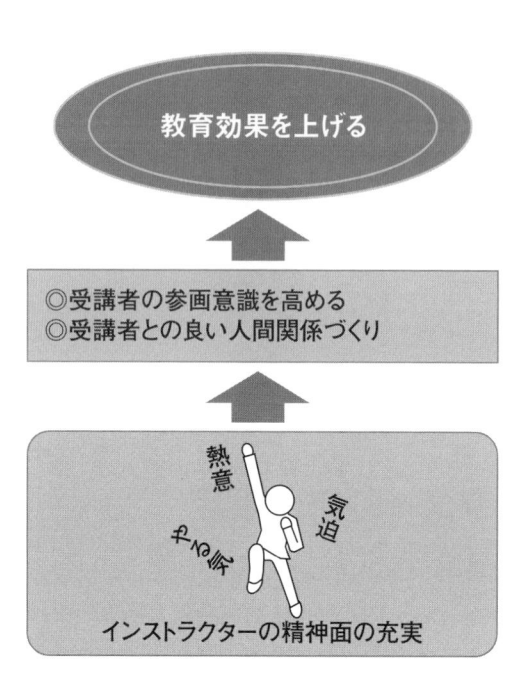

第 2 章 教育研修事前準備を工夫する

```
        教育効果を上げる
              ↑
  ◎受講者の参画意識を高める
  ◎受講者との良い人間関係づくり
              ↑
    熱意 気迫 ふるまい
   インストラクターの精神面の充実
```

その他のチェック事項

① 会場までの交通手段等の確認

　最低でも研修開始の30分前までに会場に到着できるようにしたい。そのためには、事前に会場までの確実な交通手段や道順を確認しておく。特に研修会場が遠隔地であるときや初めて利用するときなどは、時間に余裕を持たせるようにしたい。

② 服装・身だしなみのチェック

　インストラクターは、好感の持てる人物であることが、受講者とのコミュ

ニケーションの第一条件である。それには服装や身だしなみを整えて、受講者の前に立つことも心掛けたい。

③ **話の切り出しやたとえ話の最終チェック**
　講義の切り出しやたとえ話などは、レッスンプラン作成の段階で準備するが、研修直前になってみると、内容がマッチしないことがある。的外れな内容は、受講者をしらけさせ、ときにインストラクターへの不信感につながる。
　状況に応じて、臨機応変に、柔軟に対応する。プロのインストラクターのなかには、当日の朝、会場に向かう途中で切り出しの話を考える人もいるようである。

④ **会場に到着したらここをチェック**
　研修当日、会場に到着したらまず次の点をチェックすること。
- テキスト、資料、教材、備品などの確認
- マイク、プロジェクター、スクリーン、パソコンなどの研修機器の点検
- 会場設営
- 会場設備（トイレ、休憩場所、避難出口、喫煙所、飲料の自動販売機など受講者に案内できるように）

コラム2
教育研修の目指すところをとらえる

○やり過ぎ、空回りに要注意！

　社内インストラクターが陥る落とし穴に、やり過ぎて失敗してしまうということがあります。「受講者のレベルを引き上げられるだけ引き上げよう」という意気込みが強すぎると、そのようになりがちです。

　そうならないためには、研修依頼者との間で、どのレベルまで持っていけばよいか、つまり「研修のねらい」を確認しておくことです。

　その場合、名目的なねらいだけでなく、その背景にあるものを明確にしておくことが肝要です。例えば、マナーの研修で「社会人としての基本を身につける」というねらいがある場合、では「基本とは何か？」と掘り下げます。

　「上司に呼ばれた時に返事をするレベル」でよいのか、それとも「高度な秘書レベル」まで要求するのかということです。依頼者からは、「要するに○○ぐらいが出来ればよいよ」「○○のアレルギーを作らないことかな」といった本音が出てくるでしょう。それに突っ込んで聴いていくと、「近頃お客様からのクレームが増えている」「社内での指示が伝わらない」ということが出てきたりします。これこそが、研修の本当のねらいなのです。

　ですから、いくら見事な研修をやったところでお客様からのクレームが減らなかったり、社内でのやり取りが混乱したままでは、研修の効果がなかったということになります。必ず、真に研修のねらいを押さえるようにして下さい。

○研修とはキッカケづくり

　学生時代のことを思い出してみると、「先生の雑談から歴史に興味を持って勉強をするようになった」ということがありました。

　それを意図しての雑談だったのかということはわかりませんが、いずれにしろ何らかの転換点になったことは確かです。研修での意識づけも、同じように転換点となるものです。

研修を通じて、仲間意識が高まり、職場が明るくなった。個人的にも、研修をきっかけに、将来に対する見方が明るくなってきた、ということはよくあることです。
　これらは、研修の波及効果と言えます。
　よく「研修はやらないよりやった方がよい」と言われたりします。これは、必ずしも皮肉ではなく、何らかの波及効果があったことを意味します。これも研修のねらいの一つであり、このへんが分かってくると、研修の楽しさが実感できるようになります。
　名目的なねらいがあり、根底には真のねらいがあります。そして、波及的なねらいもあり、という重層構造になってきます。この関係が分からないと、一般的なねらいを追求するあまりに、「これでもか」という研修を実施してしまうことになりかねないのです。
　研修を依頼する方も、事情を熟知しているはずの社内インストラクターに、いちいち細かく話さないものです。これが社内インストラクターを不安にし、その解決のために、ついこれでもかという研修をしてしまうのです。
　社内インストラクターは次のように確認しておくことなのです。
　依頼者「コミュニケーションについてお願いします」第1のねらい
　インストラクター「最近コミュニケーションの問題で何かあるのですか？」
　依頼者「どうも意思の疎通が悪くてミスが増えているのです」第2のねらい
　インストラクター「そうですか・・・。私なりにアプローチしてみます。あと受講者にとってどんなことがあればよいのですか？」
　「研修に参加することによって友達ができるといいですね」第3のねらい
　このように掘り下げていくと、研修のねらいが見通せてくるでしょう。
　また「やりすぎ」に関係することですが、「大成功をしなければならない」と思い込んでいるインストラクターも多くいます。

column

　研修効果の測定について長年研究してきましたが、そもそもどこからが成功で、どこまでが失敗なのかということについては、明確に定義ができないのが現実です。インストラクター自身が失敗だと思い込んでいたものが、あとから振り返ると、それなりの意味を持っていたというケースも多いのです。

　研修終了後のアンケートで受講者全員が悪い評価をしても、依頼者が「それほどズレていなかった」という判断をするのであれば、それはそれでOKなのです。

　そういう意味でも、ねらいを十分確認しておくべきです。

教育研修のねらいを整理する

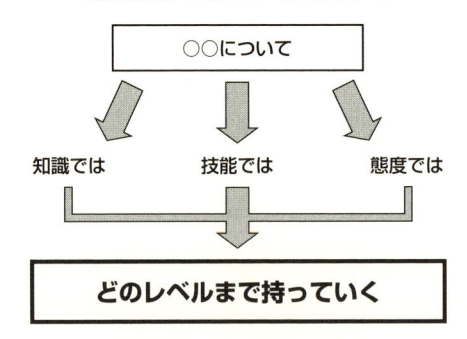

```
        ○○について
       ↙    ↓    ↘
    知識では 技能では 態度では
       ↘    ↓    ↙
      どのレベルまで持っていく
```

研修のねらいを整理する

```
           研修のねらい
          ／        ＼
     本来のねらい ── 波及的ねらい
                     （効果）
```

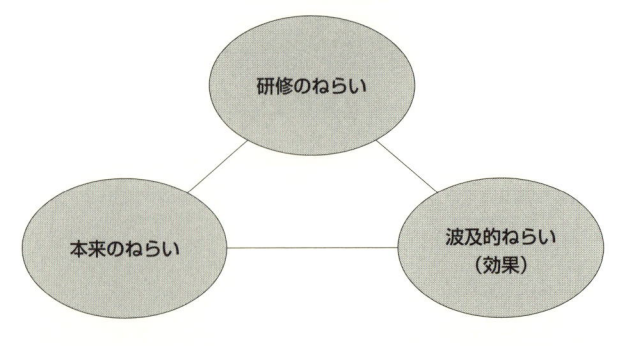

第3章
効果をあげる教育研修の進め方

PART ❺　インストラクションの基本
1. インストラクションの基本動作
2. 雰囲気作り
3. 受講者を引きつける話し方
4. 効果的学習展開
5. 板書の仕方

PART ❻　インストラクションの進め方
1. 講義の進め方
2. 演習の進め方
3. スムーズな研修の導入
4. 上手な教育研修の運営方法
5. 研修の結び

〈コラム3　体験談とたとえ話を活用する〉

第 3 章　効果をあげる教育研修の進め方

PART⑤　インストラクションの基本

■ インストラクションの基本動作

　インストラクターの研修に対する姿勢や意気込みは、動作の一つにも表れます。観客が舞台上の俳優の演技を観るように、受講者は、インストラクターの何気ない動きまで、実によく見ているものです。複数の受講者の前に立って、うまくリードしていくには、1対1での個人的な指導とは違った動きが求められてきます。

受講者の好感と共感を得る態度・姿勢

　インストラクターは、次のような基本動作を守ることによって、受講者が適度な緊張感を持ち、研修内容により集中できる。

① 立ってするのが基本

　（ただし、会場が狭く、前列の受講者に威圧感を与える場合、少人数、ミーティング形式などでは座った方がよい）

教壇の前に立つ

[メリット]
- 受講者全員を見渡せる
- 立つことで自然に背筋が伸びて、声に張りが出る
- 黒板の活用や資料が配布しやすい
- 身振りや手振りがしやすい

[立つ位置]
- 前に立つときは、できるだけ教壇の前に立つ（①と同様に例外あり）
- 受講者が発表するとき、発表者との質疑応答のときなどは、一番後方に立つと受講者全体を把握することができる。

受講者全体を巻き込むように

受講者の発表のときは後方に立つ

② **常に受講者の方を向くようにする**

　板書するとき、スクリーンを指して説明するときなど、つい受講者に対して背を向けてしまいがちだが、半身に構えて、受講者から視線をそらさないようにするとよい。

できるだけ受講者の方を向く

受講者

[メリット]
- 受講者とアイコンタクトが図れる
- 受講者の反応や変化をとらえられる

③ メリハリをつけて動く

研修時間には制約があるので、インストラクターは、常にキビキビと動くようにしたい。

例えば、
- 「これからデモンストレーションを行います」と予告してから動く
- なかなか質問が出ないようならば、後に質問の時間をとることを告げ、様子を見て切り上げる
- 雑談や指示待ちの時間が長すぎないよう注意する

[動作はキビキビとメリハリをつけて]

[メリット]
- 受講者を飽きさせない
- 研修にテンポや変化を持たせることができる
- 時間を効率的に使える

動き方のここがポイント

◎**意味のない動きは逆効果になる**

　例えば研修の流れの中で受講者の間に入っていく、ときどき前後左右に動き、受講者の視線を移動させるといった動きである。インストラクターの動きは、受講者の注意を引きつける効果がある。

　しかし、受講者に対して資料を配布する、コミュニケーションをとるといった目的もなく、ただうろうろと動きすぎるのは考えものである。受講者は、講師が近づいてくれば、何か質問されるのではないかと緊張するものである。動きすぎは、そればかり気になって、かえって、話の中身に集中できなくなるので注意が必要。

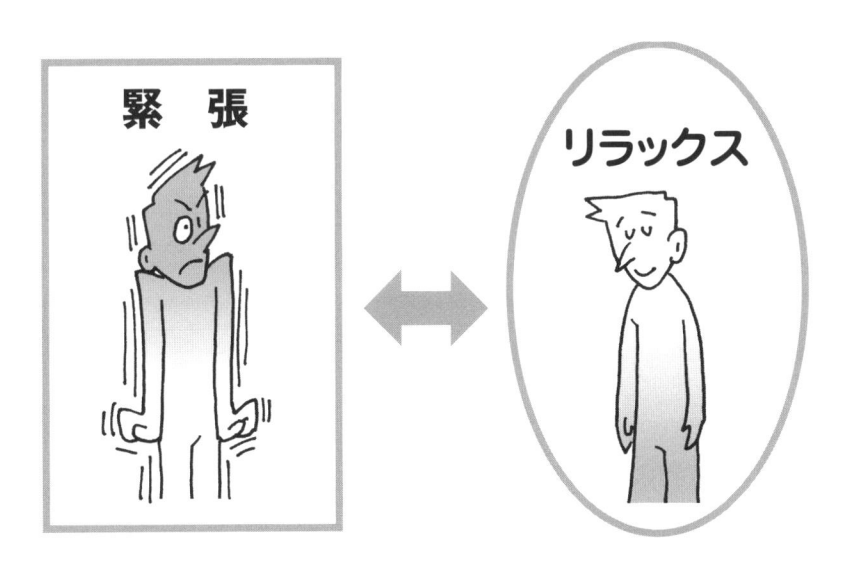

> ## 2 雰囲気作り
> 　研修の場で雰囲気作りをリードするのもインストラクターの役目です。
> 　研修目的や受講対象者に応じて、学習の場にふさわしい雰囲気を維持することが、学習効果を上げるポイントになります。

緊張かリラックスか？

　受講者が研修会場に集まれば、放っておいてもその場の雰囲気ができてくるものである。

　研修内容、受講者の顔ぶれ、会場設備、季節や天候、時間、受講者の体調、心理状態など、ささいなことで、場の雰囲気は変わるものである。
「研修の目的は何か」「受講者はどんなメンバーか」などによって、好ましい研修の雰囲気は異なるが、インストラクターは、緊張感を維持させて進めた方がよいか、それとも、リラックスした雰囲気の中で進めた方がよいかなどを考えながら、リードしていくことが大切である。

雰囲気作りの工夫（例）

◎**ある程度の緊張感を持たせるなら**
- 研修の冒頭に経営者層の講話を入れ、意識づけを行う
- アイスブレイクは最初の講義が終わるまで入れない
- 課題を与え、時間を厳守させる
- 挨拶を励行させる
- 研修を通じて全員に研修運営上の役割を与える
- 発表の機会を作る

- 研修のスタート時にルールを決める
- 上司や先輩の前で発表させる

◎**リラックスムードを作るなら**
- 冒頭の自己紹介にユーモアをまじえる
- 簡単な演習や教育ゲームなどを行う
- 受講者に自己紹介をしてもらう
- ちょっとした体操で身体を動かす
- 状況に応じて休憩をとる
- 受講者全員と言葉を交わす

◎**前向きな学習の雰囲気を作るには**
- 研修中の悪い点は率直に指摘する
- 研修中の良い点は積極的にほめる
- 適宜、質問を投げかける
- グループ活動では、全員が発言することをルールとする
- 受講者からの質問内容を他の受講者全員に公開し、情報の共有化を図る
- 全員が一度は前に出て発表する

3 受講者を引き付ける話し方

インストラクターが受講者に対してどのような伝え方をするか？ 伝える内容はもとより、インストラクターの話し方が、教育効果を大きく左右します。

受講者が正しく理解できるよう、効果的な話し方を研究、実践したいものです。

話すときはこんなふうに

① イマジネーション
話す前に、伝えたい内容を頭の中に描いてみる。自分でイメージできないことは、相手にもイメージできない、つまり、受講者にとってわかりにくい。

② 話の切り出し
理解させるには、まず、相手を聞く気にさせることが大事。少々緊張ぎみの受講者の気持ちをほぐし、研修テーマに関連して、受講者の興味や関心を呼び起こすような話材を考え、用意しておくこと。

話材は、最近のものの方が関心を持ちやすい。

③ 声の大きさ
声は、大きすぎず、小さすぎずを心掛けたい。受講者が聞く気を損なわないよう会場の大きさに合わせて、適度な声量に調整する。

④ 口調と語尾
はっきりとした口調で話す。アクセント（日本語では声の高低）やメリハリ（抑揚をつける）をきかせる。また、語尾を明瞭にするよう気をつける。

⑤ テンポと間

　話すときのスピードと「間」も大切にする。スピードは、心持ちゆっくり話す方が理解しやすい。話と話の間の沈黙すなわち、「間」をとることで、受講者の意識を集中させる。

⑥ 話や態度のクセ

　受講者が気になるような話し方のクセ、態度のクセは、直しておきたい。緊張するとついクセが出てしまうことも多く、自分でそれに気づくのは難しい。自分の話を録音したり、ビデオに撮ったりして、研究して、直すとよい。

⑦ 重要なポイントの強調

　まずは、ポイントがどこかを明らかにすること。そして、ポイントを何度か繰り返して、受講者の記憶の中にしっかりと内容を定着させる。

⑧ 平易な言葉と内容

　受講者が知らない専門用語や横文字、難しい漢語表現などは避け、平易な表現を用いる（ただし、専門的な研修ではあえて専門用語を用いることもある）。必要ならば、言葉の意味を黒板に書いて説明してから使うようにする。

⑨ まぎらわしい表現

　同音異義語に気をつける。また、誤解を招くようなあいまいな表現、まわりくどい言い方は避ける。

⑩ 理解を確認しながら

　一方的に話して終わるのでなく、要所要所で質問をして、受講者の理解を確かめながら話すようにする。

　また、相手が複数であっても、目を見て話す（アイ・コンタクト）は大事にし

第3章 効果をあげる教育研修の進め方

たい。その場合特定の受講者に偏らないよう、ときどき視線を移しながら、全員に目配りを。受講者の理解度や関心を分析しながら、話し方の調整を図る。

効果的な話し方のポイント

◎**効果的な話し方**

(○)
- ① 明朗、正確、肯定的、明瞭に
- ② 嫌悪感、威圧感、疑惑を与えない
- ③ 口調に変化をつける（強調点では語調を強めるなど）
- ④ 速度は多少意識的にゆっくりと
- ⑤ 要所要所で区切り、考えさせる
- ⑥ 自然なユーモアも加えて

◎**こんな話し方はマイナス**

(×)
- ① 語尾が消える
- ② あいまいな表現（例（×）「少し休憩にします」（○）「10分間休憩にします」）
- ③ 身に付いていない言葉を使う
- ④ 意味のないログセの連発（「えー、あのう」など）
- ⑤ 二重否定（「そのように言えなくもない」など）

▶【関連】※巻末資料No.011「話し方のチェックリスト」256頁参照

4 効果的学習展開

効果的なインストラクションを行うためには、学習効果を高めるさまざまな指導方法を展開していくことが大切です。

学習効果を高める指導とは

《指導法：その①》**成功体験を積ませる**
- 成功体験を積み重ねることは、次への挑戦、学習意欲につながる
  「やった、できたぞ！」→「よし、もっとやってみよう！」

《指導法：その②》**フィードバックを行う**
- 受講者がうまくできたとき→それを認め、評価する
- 受講者がうまくできなかったとき→原因を考えさせ、アドバイスし、励ます

《指導法：その③》**刺激を高める**
- 刺激を大きくすることで学習効果を上げることができる
 →効果的に五感に訴える→話をするだけでなく、「話を聞かせながら、ポイントを書かせる」といったように2つ以上の手段で指導する

《指導法：その④》**集中力の限界を知る**
- 長時間の講義は集中力の低下を招く
 →「休憩」「体験学習」「質問」「視聴覚教材」「ユーモア」などをうまく取り入れる

《指導法：その⑤》**具体的に示す**
 →解説は、なるべく具体的、実際的にする方が印象に残る

効果的学習ステップ

ここでは、アメリカの学習心理学者R.M.ガニエの6段階の学習プロセスを紹介する。インストラクターは、研修を通じて受講者が変化していく過程、すなわち、学習プロセスについて理解することにより、各段階において適切な指導やサポートを行うことができる。

| 第1段階　動機づけ→研修を通じ学習しようとする意欲を受講者の中に高める段階 |

⬇ この研修で何が身につき、職場に帰ってどう役立つのかなどのメリットを具体的にイメージさせ、受講者の期待を作る。

| 第2段階　注　意→動機づけられた受講者を研修の中に引き込む段階 |

⬇ 動機づけに対して、「だから今回は、このような学習をしましょう」と、受講者を促す。

| 第3段階　習　得→伝えるべき内容を受講者が習得する段階 |

⬇ 反復や強い刺激があると記憶が長く保持される。そのために、さまざまなインストラクションの技法や方法で記憶の保持に務める。

| 第4段階　再　現→習得したことを必要なときに再現することによって学習効果の確認をする段階 |

⬇ 習得してから再現までの時間が短いほど記憶保持率は高い。研修中、演習後の発表や研修後数ヵ月おいてフォローアップ研修を実施するなどが効果的である。

| 第5段階　移　転→研修で習得したことを実際の場面で使う段階 |

⬇ 実際の場面で使うためには、各自の行動計画を作成するなど、受講者が職場に帰って何をするかが具体的になっていることが必要である。

| 段6第階　強　化→動機づけの段階での期待が達成されたことを確認し、学習した内容を確実なものにする段階 |

研修の最後に、受講者への質問、振り返り、実演してもらうなどの方法で学習の強化を図る。

説得力を高める

インストラクターは、ある部分では、受講者を説得し動かすことが求められる。

そこで、次の3つのポイントに注目し、説得力を高めよう。

① 信頼関係

同じ話でも、信頼している人の話は聞けるが、信頼していない人の場合そうはいかないことがある。すなわち、インストラクターと受講者との信頼関係により、説得力も違ってくる。

② 内容性

まず、内容そのものについて納得できることが重要。そして、インストラクターはそれについて、十分に理解しておく必要がある。

③ 熱意・誠意

熱意や誠意が人を動かすことにつながる。さらに、インストラクションの内容が受講者にとって利益になることがポイントとなる。

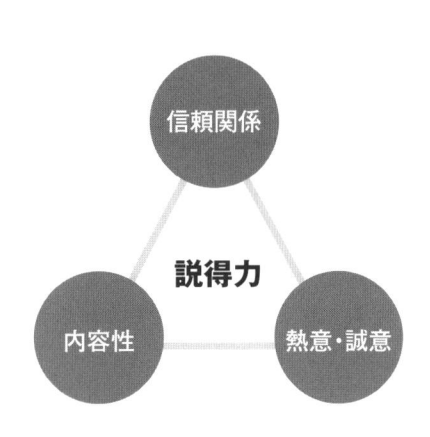

5 板書の仕方

板書により、受講者の注意を集中させ、思考を促し、思考を共有化することができます。板書をうまく活用することによって、受講者の聴覚だけでなく、視覚にも訴え、インストラクションの効果を高めるようにします。

板書の効果的な活用

◎板書を活用するメリット
- 書きながら説明できる
- 要点を強調できる
- 板書に従って受講者に考える余裕を与える
- 視覚に訴えわかりやすい
- 準備が手軽である
- 必要なときに情報の追加や関連性の説明ができる
- 受講者とのコミュニケーションツールになる
- 書き留め、書き残しができ何回も見ることができる

◎板書の仕方
- 向かって左から、横書きで使う
- 下の方など受講者から見にくいところには書かない
- 部屋の大きさや受講者数に合わせた字の大きさで書く
- 書く内容を言いながら書く
- 書き始めたら「読めますか」と受講者(特に最後列)に確認する
- 画面を使い分ける

◎**板書のコツ**
- 字の上手下手より、読み安さを第一に
- 丁寧にかつスピーディに書く
- 誰にでもわかるよう読める字で書く
- アンダーラインや色を効果的に
- あれもこれも書かず、ポイントを絞って
- レッスンプランとともに予めレイアウトを考えておく

板書のレイアウト法（3分法）

画面を予め3等分に見積もり、以下のように使い分けるとよい。

（受講者から向かって）
- 画面左…テーマと項目（説明後も消さずに残しておくと、最後に全体の流れを追える）
- 画面中央…説明内容、重要事項
- 画面右…関連事項

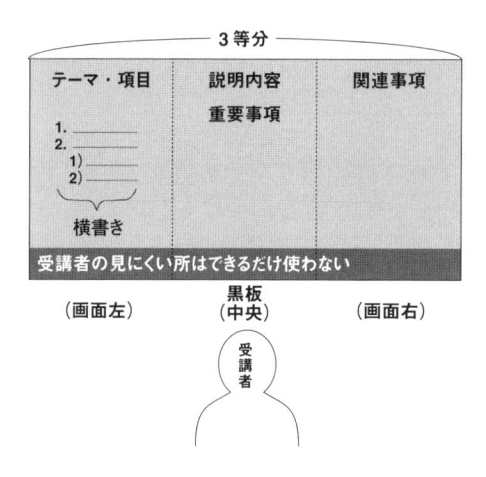

3等分		
テーマ・項目 1. 2. 　1) 　2) 　横書き	説明内容 重要事項	関連事項
受講者の見にくい所はできるだけ使わない		

（画面左）　　黒板（中央）　　（画面右）

受講者

ホワイトボードの留意点

　ホワイトボードは、画面が白く、赤や青もよく目立ち便利である。また、チョークの粉が手についたり、飛ぶこともない。しかしながら、黒板に比べると見にくいので、以下の注意が必要である。

- 専用ペンのインクの消耗が比較的早い。かすれないように事前にインクをチェックする。予備を用意しておくとよい。
- 2面を用意して、交互に書いていくようにすると急いで消さなくてよい。
- インクが十分であっても、字がかすれやすいのでしっかりと書く。
- 可動式の場合は、受講者から見やすい位置に動かすよう配慮する。

板書のここがポイント!

① 書くときの体勢
　書くときは、受講者に背中を向けず、自分の肩を見せるように、横向きの体勢で書く。

② 書いたものを説明するとき
　インストラクターは、板書を隠さないよう立つ位置に注意する。ポインターや手を使って、その箇所を指し示しながら説明すると受講者の注意を引き付けるのに効果的。

③ 強調は赤より黄で
　板書の場合、赤や青のチョークでは、字が目立たなくて読みにくい。赤を使いたいところだが、白の次は、なるべく黄を使うようにした方がよい。

④ **消すタイミングを考えて**
　受講者が理解し、メモしたらなるべく早く消すようにする。スペースの都合で、急いで消す場合などは、「ここは消してよろしいですか?」と確認を。

⑤ **受講者の発言を書き取るときは**
　インストラクターが受講者の発言を板書していくことで、コミュニケーションが図れる。このとき、受講者の発言の意図を正確につかんで書くことが重要。インストラクターが勘違いしたり、勝手に解釈したりして、受講者を無視すると、受講意欲の低下につながるので受講者に確認して書くようにする。

研修の段階と板書の活用例

◎**インストラクションにおける板書の活用例**

段階	活用例(板書する内容)	留意点
①導入段階	●研修名、テーマ ●内容のポイント	●インストラクションの途中で消さない
②展開段階	●話す内容のキーワード ●内容の図解 ●グループ討議のテーマ、進め方、手順、所要時間、終了予定時刻 ●重要点の強調 ●難しい言葉、専門用語などの意味や文字の解説	●テキストの符号と合わせる ●図は大きめに書く ●消す回数をなるべく抑える ●重要点を強調する
③まとめ段階	●テキストの参照ページ	●追加の板書は少なくし、口頭で板書内容の強調、項目相互の関連づけを行う

◎**受講者にも利用させる**
　黒板は、インストラクターが利用するばかりでなく、受講者に書かせることで、真剣な取り組みを促すことができる。機会をとらえて利用させるとよい。

（例）
- 各グループごとに黒板を用意して、書きながら意見をまとめるときに利用する
- テストや質問の答えを前に出て書いてもらう

PART❻ インストラクションの進め方

> **1 講義の進め方**
> 講義は、物事を伝達する主要な手段であり、研修で最もよく用いられる中心的な技法です。

進め方の基本ステップ

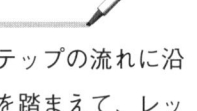

効果的な講義の基本は、上手に話すことよりも、基本ステップの流れに沿って確実に進めることにある。従って、この基本ステップを踏まえて、レッスンプラン、レッスンチャートを作成することになる。

▶【関連】 ※本書「第2章 PART❸および❹」71頁・72頁参照

第1ステップ 導入段階（序論）

- 受講者の注意を引き、興味を起こさせる
- 受講者をリラックスさせる
- 目的や主題、コースの概要を明らかにする

第2ステップ 展開段階（本論）

- 受講者に伝えたい内容の方向を理解させ、全体の輪郭をつかませる
- 積極的に説明する
- 強調点を明確に示す

第3ステップ 終結段階（結論）

- 内容の要点をまとめる
- 質問を受ける
- 受講者の動機づけ
- 参考文献、教材等の紹介

講義ステップのポイント

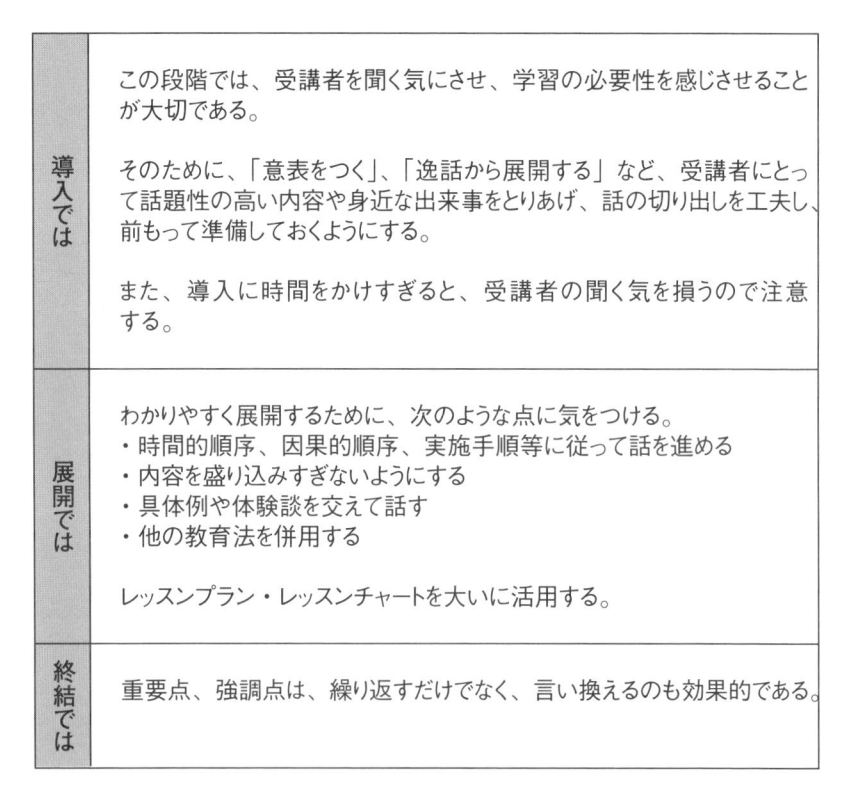

各ステップを展開する際のポイントは次のとおりである。

導入では	この段階では、受講者を聞く気にさせ、学習の必要性を感じさせることが大切である。 そのために、「意表をつく」、「逸話から展開する」など、受講者にとって話題性の高い内容や身近な出来事をとりあげ、話の切り出しを工夫し、前もって準備しておくようにする。 また、導入に時間をかけすぎると、受講者の聞く気を損うので注意する。
展開では	わかりやすく展開するために、次のような点に気をつける。 ・時間的順序、因果的順序、実施手順等に従って話を進める ・内容を盛り込みすぎないようにする ・具体例や体験談を交えて話す ・他の教育法を併用する レッスンプラン・レッスンチャートを大いに活用する。
終結では	重要点、強調点は、繰り返すだけでなく、言い換えるのも効果的である。

基本ステップの展開

講義の基本ステップは、次のように展開する。なお、講義の前後に5分間程度、余裕を持たせるとよい。

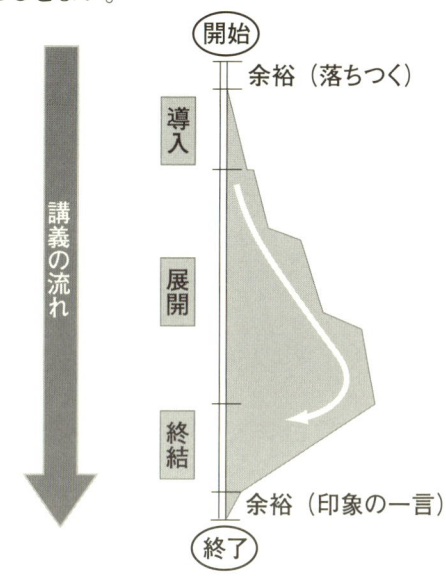

```
開始
 │
 ├─ 余裕（落ちつく）
 │
導入
 │
展開
 │
終結
 │
 ├─ 余裕（印象の一言）
 │
終了
```

講義の流れ →

講義で話すコツ

◎伝えようとする話の内容を十分理解し、その本質をつかんで話す
◎順序だてて話す
◎平易な言葉で話す
◎受講者の反応を確かめながら話す
◎要所要所でしめくくりをつけて話す
◎見方を変えて話す
◎比較、証明、統計などを用いて話す
◎具体的に話す

> **2 演習の進め方**
>
> インストラクター主導で進める講義に対して、「演習」は、受講者が主体となって進められます。
>
> 受講者が自ら、考え、体験し、学ぶことから実践に結びつきやすく、講義とうまく組み合わせ、目的に合わせて積極的に取り入れたい手法です。

演習の特質と形式

◎演習を活用するメリット
- 研修の流れに動きや変化をつけることができる
- 受講者が体験を通して学び、実感できる
- 研修時間を効率的に活用できる

◎演習の形式
演習は、個人演習とグループ演習の2つの形式がある。

- 「個人演習」の効用
  - 個人的な能力を向上させる
  - グループ演習の前提として、個人の考えをまとめさせる

- 「グループ演習」の効用
  - グループ作業による相乗効果が期待できる
  - 受講者相互に啓発的作用が働く
  - 受講者の問題意識や意欲、積極性を引き出せる

演習の進め方

演習は、それぞれの内容によって進め方があるが、基本的な進め方は次のとおりである。

① 準備段階：演習のねらいや手順を明確に伝える
⬇
② 実施段階：受講者が課題に集中できるようにする
⬇
③ 評価検討段階：演習の結果をふり返り、まとめをする

演習の進め方のここがポイント！

① 準備段階のポイント

- ねらいと効果を伝えるとき

　受講者が演習のねらいとその効果を理解しているかどうかは、演習の進行や教育効果を左右する重要な要因である。十分に意味を理解していなければ、やる気にならないものである。インストラクターは、単に言葉を並べるだけの説明にならぬよう気をつけなければならない。

- 手順を説明するとき
  ・手順を説明する前に、改めて受講者の注意を引く
  　「これから手順を説明しますから、こちらを向いて、よく聞いてください。」
  ・演習の始めから終わりまで一通りの手順を説明する
  　（長い演習の場合は、途中で区切って後の手順を説明することもある）
  ・板書、パソコン、テキストシートなどを利用し、主な手順を書いて

説明する
- 演習を実施する前に
  - 複雑な手順は、繰り返し説明する
  - 手順について、受講者からの質問を受ける
  - 演習の終了時刻を告げ、板書しておく(演習終了まで消さない)

② **実施段階でのポイント**
- 受講者全員が演習の作業に集中するまで
  - 受講者の机の間を回って、順調に進んでいるかを確認する
  (個人作業なのに受講者同士で話をしているときは、やり方を理解してないことがあるので要注意)
  - 状況に応じて、ヒントやアドバイスをする
  (一部の受講者だけが有利になるようなことは避ける。ヒントやアドバイスは、ときに受講者の自主性をなくすことになるので注意する)

- 受講者が作業している間
  - 受講者の実施状況(取り組み姿勢など)を観察・記録し、ふり返りの準備をする(受講者の言動をさりげなく集めてふり返りの講義で素材にするとよい)

▶【関連】 ※「第3章 PART❻ ❹上手な教育研修の運営方法」112頁参照
※「第4章 PART❼ ❷質問の仕方・受け方」130頁参照

③ **評価・検討段階でのポイント**
- 発表の仕方を説明する
  - 発表の手順や時間、要領を明確に指示する
  - 発表の聞き方についてもふれる

● 演習のコメントとまとめでは
　・発表の仕方で良かった点、気づいた点があれば、軽くコメントしておく
　・まず良い点はおおいにほめ、次に改善点を率直に指摘する
　・受講者の質問にも答え、コメントを尊重する
　・コメントは、研修のねらい、事実のふり返り、一般的な原理・原則などをよく整理して伝える
　　（後で、「何で演習をしたのか」「何が言いたかったのか」ということにならないように）
　・今後への展開をふまえた一言を添える

> ### 3 スムーズな研修の導入
> 　研修導入時のオリエンテーションの目的は、これから行う研修に対しての「学習の方向づけ」と「学習の動機づけ」です。現実には、すべての受講者が問題意識や学習意識を持って、研修の場に臨むわけではありません。「どのようなオリエンテーションをするか」は、インストラクションの効果を左右する大きなポイントといえます。

オリエンテーション

◎オリエンテーションの重要性

　研修前に、受講者に与えられる情報は、研修の目的とプログラム程度であることが多い。それによって、ある程度の学習の方向づけはできるが、動機づけという面では今一つ不十分である。受講者が研修の意義を理解せずに、インストラクションを進めると、多くの受講者が受け身になり、なかなか効果があがらない。研修の導入段階において、受講者にしっかりとした学習の方向づけと動機づけができているかどうかは、その後のインストラクションの効果を大きく左右する。インストラクターはそれを念頭に置かなければならない。オリエンテーションは、研修全体の時間割からすれば、ごく短い時間だが、そこで受講者の意識や気持ちをどこまで巻き込んでいけるかがインストラクターにとって重要な課題といえる。

◎オリエンテーションで何をするか

　次の項目は、一般的に、オリエンテーションの内容として考えられるものである。
　　① インストラクターの自己紹介
　　② メンバー相互の自己紹介

③ オリエンテーション・レクチャー
④ 研修プログラムの説明（ねらい・概要・進め方など）
※研修事務局からの研修運営に関する連絡（例えば、宿泊施設内の案内）等は、「インストラクターの自己紹介」の前に行うものとする。

オリエンテーションのここがポイント

　次の表は、先に挙げたオリエンテーションの内容について、それぞれのねらい・ポイント、方法をまとめたものである。

項目	ねらい・ポイント	手段・方法など
①インストラクターの自己紹介	●受講者に親近感を持たせる ●礼儀正しいおじぎとあいさつ	●事前に自己紹介の内容を準備しておく
②メンバー相互の自己紹介	●受講者同士、学習集団としての雰囲気作りに	●ペアによる自己紹介 ●他人紹介 ●グループ内での自己紹介
③オリエンテーション・レクチャー	●研修の目的、必要性について受講者への問題提起 ●研修参加の動機づけ	●30分程度のレクチャー ●板書等を活用して簡潔にわかりやすく問題を提起する ●レクチャーの内容を事前に十分に検討しておく
④研修プログラムの説明	●具体的な学習内容と進め方の理解	●学習の概要を配布し、要点と進め方を簡潔に解説する

▶【関連】　※「第5章　PART❾　アイスブレイク」166頁参照

自己紹介

◎参加意識に影響する自己紹介

　インストラクターの自己紹介はもとより、受講者相互の自己紹介は、必ずオリエンテーションに含めたい項目である。

　受講者にとっては、集団において他に対し、自己の存在を主張する場面である。それが省略されると、研修への参加意識の低下やインストラクターに対する不満につながり、最後まで、緊張と堅苦しい雰囲気で進むことになってしまう。自己紹介は、受講者が相互に知り合い、親しくなる上で欠かせないものである。

　受講者が互いによく知っているという場合は別として、時間がない、受講者数が多い、というときでも自己紹介を省いたりせず、やり方を工夫して実施するようにしたいものである。

「公」から「私」へが基本

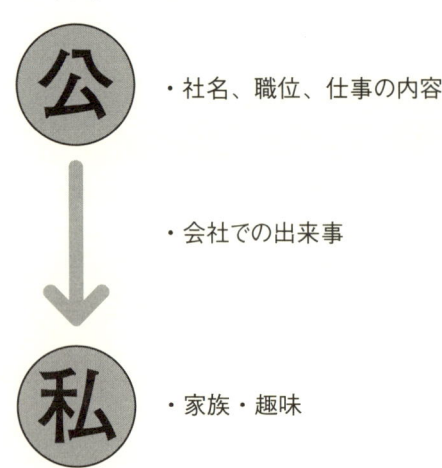

公　・社名、職位、仕事の内容

↓　・会社での出来事

私　・家族・趣味

オリエンテーション・レクチャーの工夫

「学習の方向づけ」、「動機づけ」は、インストラクターのレクチャーだけではなく、受講者同士に学習への期待についての話し合いをさせるという方法も一つである。

◎**学習への期待についての話し合いの進め方（例）**

手順	方法
①アンケートの記入	●学習への期待についてアンケートを配布し、個人で記入してもらう ●アンケートは、研修内容に関して受講者の期待を問う設問項目をあらかじめ用意しておく。設問は、3項目程度、自由記述形式、記入時間は10分程度のものがよい ●アンケート設問項目の例 「今回の研修プログラムの中で最も関心があるセッションはどこですか？」 「今回の研修プログラムの中でご自身の仕事にとってこれは必要だと思われる内容を教えてください。」 「今回の研修の内容について、どのような期待を持っていますか？ 期待する事柄、レベルなどを具体的に書いてください。」
②受講者の意見交換	●5、6人のグループに別れて、意見交換をする 20分程度 ● 設問項目ごとに要点をまとめてもらう
③発　　表	●グループの代表者による発表 ●ここでは、インストラクターはコメントをしない
④インストラクターによるコメント	●各グループに共通する期待とプログラムとの関連を押さえる ●受講者の期待とプログラム内容がかみ合わない点について、確認し、受講者の了承を得るようフォローする

第3章　効果をあげる教育研修の進め方

4　上手な教育研修の運営方法

研修では限られた時間の中で、受講者に伝えるべき内容を伝え、必要な知識・技能を身につけてもらわなければなりません。そのためには、研修を円滑に運ぶための工夫と時間管理が必要です。ただ単にプログラムを消化すればよいというものではなく、予定どおりに進めることが、教育効果をあげる前提になるという考え方が大事です。

上手な研修の運び方のポイント

◎常に一歩先の準備を

研修をスムーズに運ぶためには、インストラクターが「次に何をするか」、一つ先を念頭に、インストラクションの準備を進めることが大切である。

〈具体的方法〉

● 休憩時間や受講者が作業している時間を有効に使う

例えば、次の講義に使う資料の準備や教材の確認などは、休憩時間や受講者の個人作業の時間などを有効に使って行う。前もって必要事項を板書しておけば、時間を効率よく使える。

時間管理のコツ

研修を時間どおりに進めるのは、意外に難しいものである。研修運びは、ちょっとした時間管理のコツをつかんでいるかどうかで決まってくる。

① 時間厳守の徹底

例えば、受講者に指示した作業終了時刻がきたら、たとえ終わっていない受講者がいたとしても、そこで、一旦、区切ること。時間延長するならば、改めて次の指示を出すようにする。そうしないと、「時間内に終わらなくてもいいんだな」と思い、だらだらと遅れていくばかりになる。結局時間不足になりかねない。

② 終了時刻の予告

演習などの終了時刻が近づいたら、さり気なく受講者に予告して、予定通りに終わるよう促す。

③ 指示の仕方

時間の指示を出す場合は、「今から20分間」でというだけでなく、「○時○○分までに」と、時刻を具体的に告げるようにする。演習などに夢中になっていると、受講者はいつスタートしたのかがわからなくなってしまうことがあるので、終了時刻を板書しておくとよい。

④ ペース配分

研修の前半は、心持ち早めのテンポで進め、後半は受講者の様子を見ながら余裕を持って終了させるのがコツ。インストラクター初心者は、前半ゆっくり、後半駆け足になりがちなので注意する。

レッスンプランは、標準時間を想定するが、受講者の理解度や作業の進み具合によって、調整を図りながら進行すると時間をオーバーしてしまう場合がある。

研修の終わり頃になって、あわてて進めて受講者を混乱させることのないように気をつけなければならない。

時間調整の知恵袋

① **研修時間が余りそうなとき**

● 10分以内ならば、質問の時間にあてる

　研修内容に関連した質疑応答の時間にあてることで、受講者の理解を深める。時間ギリギリのところで質問を受け付けても、受講者は質問しようとしない。質問すれば、時間超過になるからである。10分程度ならば、余るというより、適切な終わり方といえる。

● 10分以上ならば、グループ討議でまとめる

　時間がたくさん余ってしまった場合は、受講者を4、5人のグループに分け、各グループごとに、研修のまとめの討議をさせる。
　→討議のテーマ例：「インストラクターの話の中で共感したことについて」
　　　　　　　　　「研修を受け、これから職場で実践したいことについて」

② **研修時間の不足に対処する**

● レッスンプランに沿って、途中調整する

　レッスンプランに書き込んだ所要時間や終了時刻に沿って、途中で調整を図っていく。

● 余ることを恐れて内容を盛り込みすぎない

　時間が余ることを恐れて、あれもこれもと盛りだくさんに準備しすぎて、時間が足りなくなってしまうということにならないように。

● 話す内容を思い切って削除する

　受講者のレジュメに載せていない項目などを一項目そっくり、削除し

てしまう。大胆ではあるが無理に急いで進み、話が中途半端になって、理解できないよりは、一部を削除してうまくまとめるほうを選ぶ。

● 初めから削除しても差しつかえない部分を設定しておく
　レッスンプランの作成段階で、削除してもよい部分を入れておく。例えば、時間があれば、ここでグループ討議をし、時間がなければ、グループ討議をしなくても大丈夫というように、柔軟性を持たせるのも一つである。

5 研修の結び

研修の結びでは、受講者に余韻を残すことが大切です。研修をやりっ放しにしないためにも、インストラクターは最後まで気を抜かず、きちんとまとめをします。

研修の結びはこんなふうに

① 研修全体をふり返る
- 研修のねらいに照らして、それまでの研修全体の流れをふり返り、おおまかに内容をさらって確認する。研修中の時間の経過とともに、受講者の印象や記憶が薄れてしまうことがあるためである。理解を確認するための簡単なテストを用いるのも一つの方法である。

② 要点を押さえる
- 繰り返して言ったり、別の表現を使って言い換えるなど、研修内容の中でも特に重要な点、強調した点などにふれる。

③ 受講者の質問を受ける
- 受講者に疑問を残さないようにする。場合によっては、研修内容の理解促進のために質問を出させるのもよい。

④ 今後へとつなげる
- 受講者を励まし、研修で終わりにするのでなく、今後の行動につながっていく意味を持つ内容にふれる。

⑤ インストラクター自身の主張や考えを述べる
- 研修内容に関して、特にインストラクター自身の主張や考えがあれば、言い添えて、受講者の参考にしてもらう。

⑥ 参考文献の紹介など
- 研修内容に関連して、受講者の参考となる資料や文献があれば紹介する。

参考文献等を紹介して、受講者からの質問を補うといったことも考えられる。

▶【関連】　※巻末資料No.012「研修の結び準備シート」257頁参照

結びのここがポイント！

① **強調もほどほどに**
　大事な箇所を強調しておきたいからといって、受講者が「もう、うんざり」と思うようでは、余韻を残すどころか、かえって逆効果になるので要注意。

② **結びは時間内に**
　時間がないからといって、受講者の作業をせかしたり、駆け足でまとめをするのは効果的ではない。まして、結びをしないで終わるなどは論外である。
　研修終了時刻を過ぎると、受講者の注意も他にそれていくので、結びは時間内に余裕をもって終えるようにしたい。
　インストラクター初心者は、特に、時間が足りなくなる傾向があるので、研修の運び方に気をつける。

▶【関連】　※「第3章　PART❻　上手な教育研修の運営方法」112頁参照

コラム3

体験談とたとえ話を活用する

○こんなことがありました

　社内インストラクターにとって大切なのは、自分自身の体験談です。これがあるからこそあなたは社内インストラクターに指名されたといってよいくらいです。

　一方で、受講者が研修を否定するときによく使われる言葉に「時代が違うよ」というものがあります。これは当たっているのですが、そもそも背景が全く同じ体験などありません。

　では、なぜ童話や昔話に相変わらず人気があるのでしょうか。

　それは、何かしら教訓と結びつけられているからではないでしょうか。結論としてこうしろとは言っていないのです。

　「こんなことに気をつけましょう」

　「こんなことをするようにしましょう」

　と思われる明示的な教訓があるわけです。

　この考え方で体験談を工夫します。

○それで実はこうです

　研修スケジュール、レッスンプランの中で強調したいところは？

　理解度が落ちるところは？

　納得してもらえないところは？

　という視点から、体験談を入れると効果的であると思われるところを探っていきます。そして、そのようなニーズに対して、自分の体験の中で使えるようなものを思い出していきます。ところが、すぐ思い出す体験談は普段から誰かに話しているものであり、聞く方から見ると鼻につく、自慢話であることが多いものです。そこで予定される受講者の年齢、職位といった属性を切り口にして、「あの時自分はどうしていたか」「あの仕事の内容はこういうことで困惑していた」ということを思い出してみることです。すると、その

接点で、あなたの脳裏にさまざまな体験談が頭に浮かんでくるはずです。

　そうは言っても、体験談はどうしても自慢話に偏ってしまうものです。誰でも思い出したくない体験は忘れてしまいたいという習性があるからです。

　成功の体験を話せば、そのまま役立ちそうな気がするのですが、受講者の興味をそそるのは、むしろ失敗談のほうだといわれています。成功の裏に失敗あり、失敗の裏に成功の種ありといわれるように、どちらを語るにせよ、受講者にとってためになる教訓として伝わるかがポイントとなります。

　失敗談というのは、意外と受講者に受け入れられるものなのです。例えば、芸能人のお騒がせゴシップ話などが広く社会の話題となるのは、失敗談であるからです。そして見ている人は「ああなりたくない、そのためには…」と考えます。この「そのためには…」が教訓と言われるものなのです。

　研修の多くは、教訓を得るための手段といえるかもしれません。

　言い換えれば、成功するための秘訣、失敗しないためのポイントを得ること、この部分を受講者が研修を通じて修得できたと思えたときに、「実務的研修だ」、「役立つ研修だ」ということになるのだと思います。

○自分もそうしようと思わせる

　このように考えていくと思いつきで体験を語るのではなく、入念に準備しておく必要があることに気づくでしょう。たとえば、図表に示したような流れで体験を整理していくことをおすすめします。

　「教訓」にならない程度の体験ならば、研修で話すには不向きだと判断するしかありません。できるだけ沢山の体験をまとめてみて、使えるものを厳選することが大事です。

　というのは、インストラクターが実際に体験したことなので、どうしても簡略化して話す傾向があるからです。まず時系列で書き出してみましょう。そこにそのときの自分の心情を入れると、臨場感が加わります。教訓は、「あ

の時こうしておけばよかった」「あの時のあれはよかった」「あんなことをしたばかりに・・・」といったものです。受講者によって受け止め方は、いろいろでしょうが、「自分もそうしてみよう」とか「自分だったらこうするだろう」と考えさせることにより、研修効果は上がるのです。

体験談をまとめるには

①体験談全体を表す「テーマ」は

⬇

②時系列で書き出してみる
この時に5W2Hを活用する

⬇

③この体験談から私が得たものは（教訓）

⬇

> あれは3年前のこんな時です。
>
> 私が○○していた時に、
>
> ＿＿＿＿＿＿ということがありました。
>
> その時つくづく思ったのは、
>
> （　　　　　　　）ということでした。

○どうしたって研修と実務は違う

「研修内容は実務と違う」「実際はそうではない」などと受講者にいわれると、社内インストラクターはカチンと来るかもしれませんが、それは受け入れた方がいいでしょう。

研修は全ての受講者に理解してもらおうと話すものですから、どうしても抽象度の高い一般論となります。これは、研修が持っている基本的な特性であると言えるのです。

これを前提に考えるならば、「実務は違うけど使えそうだ、応用できるかもしれない」と思わせる工夫が必要です。そのために有力な手段となるのが『たとえ話』なのです。「たとえば○○のように」「□□のことは、皆さんの△△と同じです」と話すことによって、これまで一般的な理論レベルであったものが受講者の身近なものとして感じてもらうことができるのです。

○たとえ話は個人に合わせる

話を具体的に工夫といっても、受講者個々のニーズに対応するのは難しいので、「最大公約数」的に対応するやり方があります。できる限り多くの受講者に当てはまりそうな"たとえ話"を用いることです。しかし、これをいくらやっても具体性が高くなるとは限りません。それよりも受講者の特定の人に合わせた、たとえ話の方が臨場感を共有することができるのです。

まずどんな受講者がいるかを把握して、その中で
① 研修全体に影響を与えそうな人
② 今回の研修内容が当てはめにくい受講者の２つに注目することです。

ここのところを無視して漠然とした『たとえ話』をしても、受講者には今一つピンとこないでしょう。実際インストラクターのたとえ話のピントがずれているくらい、しらける研修はありません。こうした人達を意識した"たとえ話"を入れることで、研修内容が具体化して、研修全体の理解度が上が

るのです。

　体験談がインストラクターの体験を展開するものであるのに対して、"たとえ話"は対象者を明らかにした上で、理解度を助けるものなのです。体験談のように、事実を事細かく述べる必要はありません。

　"切り口を変える"あるいは"現実との橋渡し"を手伝うことが"たとえ話"の役割だと考えて下さい。それは次のようなことです。

　「計数的には、今説明したとおりですが、このことはたとえば営業活動で、どの商品を売れば儲かるかとか、どこまで値引きできるかの判断基準になりますが…」こう展開することによって、抽象的な話であっても、受講者には自分の実務にグッと引き寄せて考えることができるでしょう。

○ "たとえ話"はどこから持ってくるか

　"たとえ話"を考えるには、研修プログラムで全体の流れやレッスンプランの中で、「これと同じことがどういう場面であり得るか」という視点で検討してみることです。他部門ではどうしているか、他社ではどうしてるか、他業界ではどうしているかということを人から聞いたり、新聞・雑誌から仕入れておきましょう。テレビや映画などビジネスから離れたところにもネタがあるはずです。いずれにしろ、受け売りのレベルのものですから、自分の言葉に自信が持てるようになるには、ある程度詳しく調べておく必要があります。

　どうしても自信が持てない時には、「先日テレビを見ていたら」というように、情報源を明らかにしてしまうのも手です。その場合に、情報の発信元や背景を詳しく説明したり、インストラクターなりの視点を示すのがポイントです。たとえば、「毎週木曜日に○○という番組ですが、確か提供が△△自動車などの大手メーカーが中心ということもあり、昔と違い最近は細かい社会描写などが工夫されるようになりました。先日、××というシーンがあったのですが、これなどは当社の営業でも…」と展開するとよいでしょう。

体験談とたとえ話（事例）を混同しない

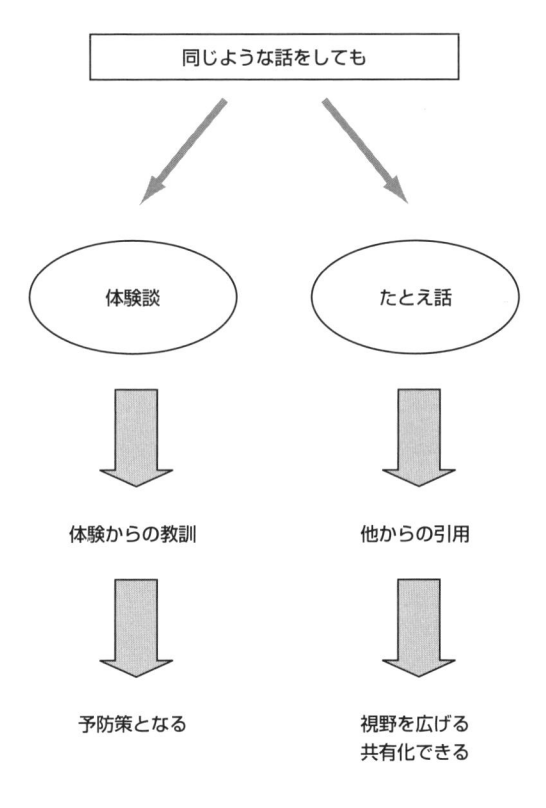

```
       ┌─────────────────────┐
       │   同じような話をしても   │
       └─────────────────────┘
             ↙          ↘
        ( 体験談 )     ( たとえ話 )
           ↓              ↓
       体験からの教訓    他からの引用
           ↓              ↓
        予防策となる     視野を広げる
                       共有化できる
```

第4章
教育研修での受講者とのかかわり方

PART❼　受講者とのコミュニケーション
1 受講者との接し方
2 質問の仕方・受け方
3 受講者のほめ方・注意の仕方
4 受講者を研修に参画させる

PART❽　教育研修ツールの活用
1 便利な研修ツールの活用
2 各種視聴覚機器・教材の活用
3 研修テキスト
4 ワークシート・研修ラベル

〈コラム4　言い切るところとそうでないところを分ける〉

第4章 教育研修での受講者とのかかわり方

PART❼ 受講者とのコミュニケーション

📕 受講者との接し方

インストラクターが、限られた研修時間のなかで、受講者とどのような人間関係を築くことができるか。それは、教育効果を左右する重要なファクターと言えます。

インストラクターの接し方、リードの仕方によって、ある程度、人間関係が決まってくることがあり、細かい点で配慮が必要です。

受講者と接するとき①

◎公平に接する

インストラクターが特定の受講者をひいきすることは、避けなければならない。ひいきされた者は気持ちがよいかも知れないが、されなかった者にとっては面白くないものである。受講者の反発を招くおそれがあり、研修効果を引き下げる結果になりかねない。

インストラクターにとっては、自分の話を熱心に聞いてくれる受講者やよく理解してくれる受講者に、つい、気持ちが向いてしまうことがある。話すときにも、そちらの方ばかり見て話すといったことがあるが、これは誤解につながるので受講者全体への目配りを心がける。

[受講者をひいきしない]

受講者と接するとき②

◎**双方向のコミュニケーションを図る**

　インストラクターが一方的に解説したからといって、受講者が内容を理解しているとは限らない。受講者が内容を理解し、納得して、職場行動に結びつけてもらうためには、研修の中で、受講者にも考えたり、話し合ったり、身体を動かしたりして積極的に参加してもらう機会を設けることである。そして、受講者側からも意見や考えを発信してもらうことが大切である。

　インストラクターは、自らの一方的な働きかけでなく、受講者とキャッチボールをするように、双方向のコミュニケーションを図るよう、関係を保つようにする。

インストラクター　双方向のコミュニケーション　受講者

第4章 127

受講者と接するとき③

◎呼び方に配慮する

　受講者に対する呼び方にも配慮が必要である。受講者をどのように呼ぶかで、受講者との関りや心理的距離に影響するからである。

● なるべく受講者の名前を覚える

　　受講者との心理的距離を縮めるには、できるだけ名前を呼ぶことである。受講者数が多い、研修時間が短いなど、場合によっては、覚えきれないこともあるが、ネームプレートを活用するなどの工夫を心がけたい。

● 呼び方
- 全体へ呼びかけるとき→「みなさん」
- 個別に呼びかけるとき→「○○さん」
- 名前がわからないとき→「そちらの方」「この列の一番後ろの方」などと、指定して名前を聞く

● 呼び方のここに注意！
- 呼び捨てにしない
- 個人は男性でも「△△君」でなく、「○○さん」と呼ぶ
- 「○○ちゃん」やニックネームなどは避ける

受講者と接するとき④

◎受講者との一体感を高める呼びかけ

　研修では受講者だけが学ぶのではなく、インストラクター自身も受講者とともに同じテーマについて学ぶという姿勢で接することが、両者の一体感を

一層高めることになる。

　受講者に向かって話すとき、「皆さんは」「あなた方は」を「ご一緒に」「私たちは」に置き換えて話すとよい。それによって、上下関係、命令調、押しつけといったニュアンスを軽減、受講者は違和感や反感を抱くことなく、受けとめやすくなる。

　例えばこんなふうに
- 「皆さんには、これから後輩指導について学んでもらいます」
  →「これから、ご一緒に後輩指導について考えてみましょう」

- 「あなた方はどう考えますか？」
  →「私たちはどのように考えたらよいでしょうか？」

◎**けじめをつける**

　社内インストラクターの場合、しばしば、受講者が日常、職場で一緒に仕事をしているメンバーであったりする。

　インストラクターにとっては、少々、気恥ずかしさもあり、やりにくい感じがする。だが、互いによく知っていても、"なあなあ"な雰囲気にならないように、けじめをもって接するようにしたい。

　例えば、親しみがもてる言葉づかいはよいが、なれなれしすぎるのは好ましくない。また、受講者の好ましくない行動には、毅然とした態度で臨むようにする。

> **2 質問の仕方・受け方**
> 　効果的な研修・指導のあり方とは、インストラクター中心ではなく、受講者を主役に展開すること。その展開を支えるのが、"質問"です。
> 　インストラクターは、質問の目的をよく理解し、その技術を向上させ、おおいに活用することです。

質問の効果

質問をうまく活用することによって、次のような効果が期待できる。

① 学習の理解度を確認することができる
　例：学習の重要ポイントを質問し、答えてもらう

② 興味や関心を引き出すことができる
　例：時間を与え、質問を出させる

③ 学習への意欲を喚起することができる
　例：「なぜだろう?」「もしも～だとしたら?」と、質問によって学習の必要性や意義を考えさせる

④ 記憶を確かなものにすることができる
　例：解説後の実習の際に、「ここでの注意点は、何でしたか?」と質問することで思い起こさせる

⑤ 問題解決力を養うことができる
　　例：質問事項を考えることは、問題の所在をつかむことであり、問題解決力の向上につながる

⑥ 受講者の状況を知ることができる
　　例：「これまでに○○を経験した人は何人ぐらいいますか?経験のある人は、手を挙げてみてください。」というように質問を投げかけ、受講者の状況をつかむ

質問の種類

◎受講者全員を対象とした質問
　→「さて、皆さん、チームワークとは何でしょうか?」

◎受講者を指名する質問
　→「では、○○さんに質問しますが、これは正しいでしょうか?」

◎キャッチ・アンド・パス質問
　→受講者からの質問に対し、別の受講者に答えてもらう
　　「今、○○さんからこのような質問が出されましたが、これについて、●●さんは、どう考えますか?」

◎リターン質問
　→質問した本人に投げ返して、考えを聞いてみる
　　「なるほど、××についての質問ですね。では、それについて○○さんご自身は、まず、どう思われますか? 意見を聞かせてください。」

◎質問を出すときはこんなふうに
- 質問するときは、まず受講者全体に呼びかけてから、指名する
  →不意に指名しない
- 考えなければならないような質問をする
- 答えられる質問を出す

質問をださせる工夫

◎質問を受けるタイミングを決めておき、予告しておく
◎質問が出ないときにインストラクターの方から質問を投げかけてみる
◎アンケートやグループ討議などを用いて質問を引き出す

例：質問カードを利用して質問を出させる
　　受講者に質問を出させる方法の一つとして、質問カードを利用する方法がある。
　　質問カードは、名刺程度の大きさの白紙の紙を用意し、それを受講者に一枚ずつ配布する。質問を考える時間を5分～10分間与えて、各自質問事項をカードに記入してもらう。
　　「質問を出してください」と言って待っていてもなかなか手を挙げる人はいないが、この方法を使えば、短い時間に、受講者の興味や関心を引き出し、知ることができる。

質問を受けたらこんなふうに

◎答える前に質問内容を受講者に確認する
　→「今のご質問は、○○ということでしょうか?」と質問内容をインストラクター自身の言葉で言い換えて確認する

◎まず、答えになる内容を明確にする
　→関連事項や参考などは答えの後で言うようにする

◎事例や比喩を交えながら、わかりやすく答える
　→「それは、つまり○○だからです。皆さんよくご存じの●●も○○と同じような例だと言えます。」

◎講義内容の不明点・疑問点は答えを全員で共有化できるようにする
　→「先程、休憩時間にこのような質問がありました。その答は、○○ですが、これは重要なことですので、皆さんも是非、覚えておいてください。」

◎すぐに答えを出さず考えさせる
　→他の受講者にも考えてもらう
　「○○という質問が出ましたが、他の皆さんはどう思いますか？ちょっと考えてみてください。」
　→インストラクターの代わりに他の受講者に答えてもらう
　「今、○○についての質問が出ましたが、△△さん、答えてくださいますか？」
　→他に関連のある質問が出るのを待つ
　「○○という質問が出ましたが、他に何か聞いておきたいことはありませんか？」

質問で気をつけたいこと

● 「質問はありませんか？」と投げかけておきながら、時間を置かずに、すぐに次に移ってしまうのは受講者に失礼である。

第 4 章　教育研修での受講者とのかかわり方

- 特定の受講者だけを対象に、詳しく説明したり、議論したりすることは避ける。

- その場で質問に答えられないとき、わからないときなどは、ごまかさないで、正直にその旨を告げ、後に調べて答えるなど、確実、誠実に対応する。

3 受講者のほめ方・注意の仕方

受講者をほめることで本人の積極性を引き出し、研修への参画意識を高めることがあります。また、反対に、だらけた態度や他の受講者の学習の妨げとなるような行為に対しては、「注意」をあたえなければならない場合もあります。

インストラクターは、受講者との接し方の一つとして、上手なほめ方、注意の仕方を心得ておく必要があります。

受講者をほめる

◎**良い点を積極的にほめる**

研修中、受講者の良い点を見つけ出しておおいにほめるようにする。そうすることによって、

① 受講者の積極性や参画意識の向上につながる。
② 他の受講者に間接的に模範を示すことにもなり、学習意欲を促進することになる。

◎**ほめるときはこんなふうに**

- 良い点を積極的に見つけてほめる
- お世辞でなく、心からほめる
- 具体的にどこが良いのかを指摘してほめる
- ほめるときは特定の受講者にばかりに偏らない

受講者に「注意」を与える①

インストラクターは、研修を進めながらも受講者の態度や行動に目配りしなければならない。注意が必要であれば、タイミングを見計らって、段階を踏んで対処する。

◎こんなときは「注意」が必要
- 他の受講者の学習を妨げる行為があったとき
- 時間や態度がルーズになってきたとき
- 作業の手を抜く、私語をしているなど、集中力が欠けてきたとき
- 他の受講者の意見をバカにしたり、からかったりするような態度や発言があったとき
- 差別的な発言や行動があったとき

受講者に「注意」を与える②

◎注意すべきことは率直に

ほめるのとは違って、注意するのは何となく気がひけるものである。受講者が社内でよく顔を合わせる人であればなおさらである。しかし、言うべきときには、毅然とした態度で、きちんと注意することが必要である。

◎「注意」の段階
- 第1段階 →注意する前に、原因を探ってみよう。

   必ずしも受講者が悪いとは限らない。注意する前に、インストラクター自身、研修の進め方に問題はないか、説明不足はなかったかなど、ふり返ってみる。インストラクションの進め方を工夫することで、注意しなくても済むこと

もあるので判断が必要。

- 第2段階 → どうしても注意が必要ならば、**まず、全体の問題として、注意を呼び掛ける。**

    いきなり個人を名指して注意するのは好ましくない。皆の前で注意されたことがショックで、あとあとまで感情的なしこりを残したり、場の雰囲気が堅くなりすぎるといったことを避けるためである。できるだけ、個人的な注意を避けるよう、この段階で改まるようリードしたい。

- 第3段階 → なおも、目に余る態度や行動が続いているようであれば、**個人的に注意する**こともやむを得ない。ただしあまり厳しく注意しすぎて、受講者を追い詰めたり、あとまで引きずらないように配慮すること。

受講者に「注意」を与える③

◎**注意するときはこんなふうに**
- 真剣に、本気で注意する
- 指摘だけで終わらない
    → 「もっと〜した方がよい」「こうして欲しい」など、アドバイスや期待を添える
- 見て見ぬふりをしない
- なあなあで終わらせない
- 感情的にならない
- 男女や学歴などで差別しない
- ブツブツ文句を言わない

第 4 章　教育研修での受講者とのかかわり方

- 他を引き合いに出さない
- 事実を指摘し、個人の性格や価値観を責めない
- 受講者を心理的に追い込まない
- いつまでも注意したことを引きずらない

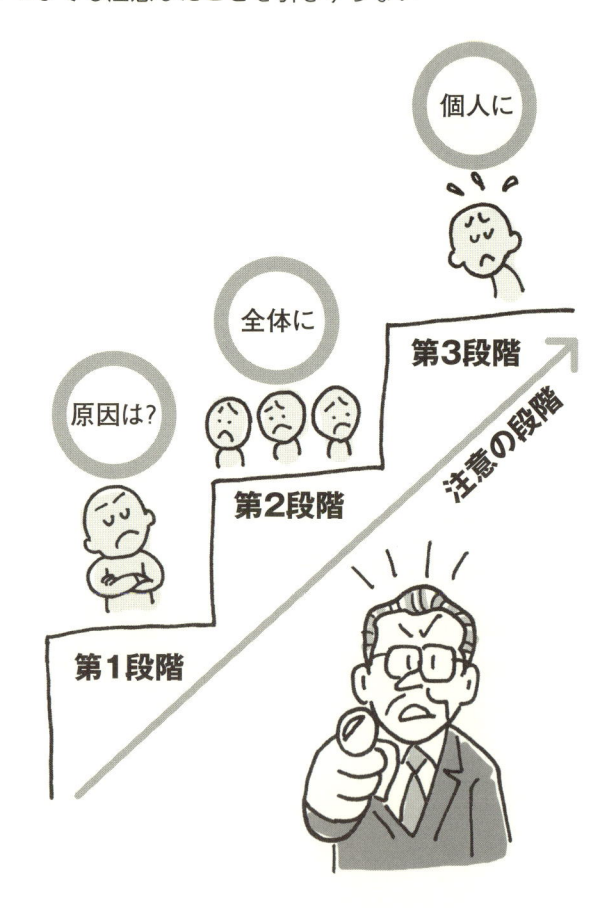

原因は？
第1段階

全体に
第2段階

個人に
第3段階

注意の段階

> **4** **受講者を研修に参画させる**
>
> 　受講者は、講義を聴くだけでなく、自分で考えたり、発言したり、行動したりすることによって、より学習効果を高めることができます。
> 　インストラクターは、受講者をいかに巻き込んでいくかを考え、働きかけながら、研修・指導を進めます。

受講者を研修に参画させる

受講者を研修に参画させるためには、次のような方法が効果的である。

◎修研中、受講者に役割を与えて参画させる

役割の例：

- 号令係 →あいさつの際、号令をかけてもらう
- 配布係 →教材、資料、備品を配布してもらう
- 環境係 →黒板を消す、電気を消す、ゴミ集め、換気や室内の温度調整など研修会場の環境を整備してもらう
- 記録係 →研修記録を作成してもらう

◎講義に引き込むような働きかけをする

働きかけの例：

- 質問を用意して問いかける
- 受講者に声を出してテキストを読んでもらう
- 受講者の誰かに前に出てもらい、実演してもらう
- 話にユーモアを交え、笑いや興味を引く
- 受講者の関心の高い話題や身近な事例を用いて、自分の事として考え

てもらう
- 考える時間を与える

効果的な参画のさせ方

◎**グループによる活動で参画させる**

グループ活動の例：
- 各グループ内で役割を分担してもらう（リーダー、書記、タイムキーパー、発表者など）
- 各グループ内で、個人の意見発表をしてもらう
- 各グループ内で、討議や共同作業をしてもらう
- 他のグループの発表について、質問やコメントを出してもらう

◎**体験的な学習を取り入れる**

「講義」では、インストラクターからの一方的な働きかけがメインになるため、受講者も受け身になりやすい。

そこで、演習や模擬体験など、受講者の主体性を求める体験的な学習を積極的に取り入れるよう工夫する。

体験的な学習の例：
- 講義で説明した後に、ロールプレイングで体験、実感してもらう
- 理論として学習したことを、実務に照らして考えてもらう
- 実際の職場事例について、検討してもらう
- 講義の後に、テスト演習を行い、理解を深めてもらう
- 教育ゲームを体験した後に知識や情報を解説し整理をする

受講者を引き込むには

- 研修の雰囲気作りをする
- 期待を伝える
- 受講することの利点を明らかにする
- プログラムに変化や動きを加える
- 競争を取り入れる
- 発言の機会を設ける
- インストラクターが手本を見せる
- 肯定的な表現を用いて話す
- 良い点をおおいにほめる
- 理解を確かめながら進める
- 自然なユーモアを取り入れる
- 受講者にとって、身近な話題、事例、用語を用いる

◎細かい配慮を

例えば、

"最前列の人とのやりとりが後ろの人に聞こえない"

"黒板の字が小さくて、後ろの席の人には読めない"

"インストラクターの声が小さくて、後ろの席まで聞こえない"

といったことが原因で、受講者は参画意識をなくしてしまうことがある。インストラクターは、常にそういった細かい点にも心を配りたい。

▶【関連】　※巻末資料No.013
　　　　　「受講者研修参画チェックリスト」258頁参照

第4章 教育研修での受講者とのかかわり方

PART❽ 教育研修ツールの活用

> **便利な研修ツールの活用**
> 研修ツールは、受講者にとって理解しやすく、効果的なインストラクションを行うために準備する小道具です。それらを工夫し、うまく活用することによって、受講者の集中力を持続させるとともに、インストラクター自身も楽しく進めることができます。

研修ツールのいろいろ

① **インストラクターが活用するツール**
- マイク、時計（ストップウォッチ）、指し棒、ベル、水差し（ペットボトル）、など

② **受講者が活用するツール**
- テキスト、レジュメ、シートなど

◎ **情報を提示するときに活用するツール**
- 黒板、ホワイトボード、チャート、パソコン、スライド、VTR、録音機器など

身近なツールの使いこなし

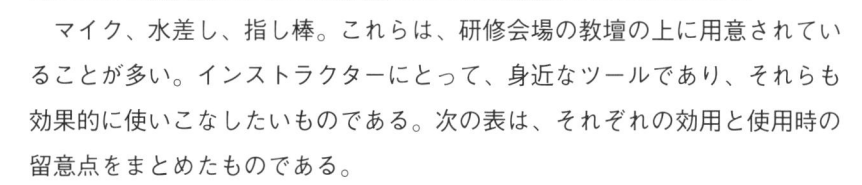

　マイク、水差し、指し棒。これらは、研修会場の教壇の上に用意されていることが多い。インストラクターにとって、身近なツールであり、それらも効果的に使いこなしたいものである。次の表は、それぞれの効用と使用時の留意点をまとめたものである。

	効　用	使用時の留意点
①マイク	● 受講者にとって、インストラクターの声が聞きやすくなる	●大きな声を出しすぎない ●マイクにあまり近づきすぎない ●マイクの種類によって使い分ける
②水差し（ペットボトル）	●喉の乾きを癒し、話しやすくなる ●話の間合いがとれる	●緊張して、手がふるえているようなときにはこぼしたり、ガチャガチャと音をたててしまうことがあるので、初心者は使わないほうが無難なことも
③差し棒	●受講者の意識を集中させる	●受講者を指すときには使わない ●手に持ったまま、もてあそばない

マイクの使いこなし

マイクにもいろいろな種類がある。それぞれの特徴をつかんで上手に活用したい。

マイクの種類	使用時の留意点
①ハンドマイク	●疲れるので、長時間の使用には不向き。固定式のマイクと併用し、教壇から離れる際に使用するとよい ●受講者の間に入っていき、意見を聞くときになどに便利
②ワイヤレスマイク	●ネクタイピン式のものは、休憩時間などには、スイッチの切り忘れに注意する
③固定式のマイク	●板書のためにマイクが固定された場所から離れるときには、声が入らないので注意する

研修ツールの活用例

◎研修ツールでロールプレイングに臨場感を持たせる

営業社員研修の応酬話法の実習では、研修会場の机や椅子を商談の場面の応接セットに見立てる。また、新人研修の電話応対実習では、実習用の電話機を用意するなど、ちょっとしたツールの活用でロールプレイングに臨場感を持たせることができる。

集合研修は、職場から離れた場所で行われるが、それらのツールを用いることで、職場における実践との結びつきを強めることができる。

その他にも、次のような活用場面をあげることができる。

[研修ツールの活用例]

① 受講者の思考をサポートする
　➡シート、カードなど

② 情報の共有化をサポートする
　➡黒板・模造紙など

③ 情報整理・分析・まとめをサポートする
　➡研修ラベル・パソコンなど

④ 擬似的な体験により理解をサポートする
　➡ゲーム、パソコンなど

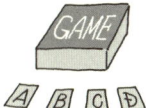

研修ツール活用のここがポイント！

① 伝える内容と手段とのバランスを考える

　研修ツールの活用は、伝えようとする内容があって考えることである。伝えようとする内容がそれほど難しいというわけでもないのに、必要以上の大がかりな研修ツールを準備するのは、効率的とはいえない。「研修ツールを準備するのに、時間や費用をかけたわりに、受講者の反応は今一つだった」「そこまでしなくても、理解できたのでは」といったことにならないように、伝えようとする内容に対して、最も効果的なツールを選ぶことがポイントになる。

② 研修ツールの準備・点検・確認は入念に

　わざわざ研修ツールを準備してきたことに対して、受講者は、インストラクターの熱意や研修の意味合いを感じとるもの。しかし、いざというときに、

「壊れていて使えなかった」「数が不足していて受講者全員に配布できなかった」「電池が切れていた」「使い方がよくわからない」といったことになるのでは、初めから準備しないのと同じである。準備するからには、しっかりと点検や確認をしておきたい。効果を上げるどころか、受講者をがっかりさせ、効果を下げることにならないように。

③ インストラクターのアイデア次第

　状況に応じ、研修会場内にあるもの、身の回りにあるもの、受講者の持ち物を拝借するなど、インストラクターのちょっとしたアイデアや工夫で、研修ツールとして活用できるものがある。
　例えば、ペンケースを受話器の代わりに使う、名札を名刺代わりに使う、受講者が身につけている品物を商品に見立てて、セールストークの実習をするなど、学習内容を引き立たせる魅力的な小道具を見つけ出したい。

2 各種視聴覚機器・教材の活用

効果的な研修を行うためには、インストラクターの話だけでなく受講者が目で見てわかる、耳で聞いてわかるような視聴覚機器・教材を用いて、受講者の学習理解を促すようにします。

視聴覚機器・教材のいろいろ

比較的、研修に利用しやすい視聴覚機器・教材は次のとおりである。これらを効果的に用い、文字、図表、イラスト、写真、音、音楽、映像など、さまざまな情報のかたちを工夫することで、受講者の理解を促す。

- DVDレコーダー
- パワーポイント
- ダジタルレコーダー
- パソコン
- チャート
- テキスト
- シート（参考配布資料）

視聴覚機器・教材の長所と短所

視聴覚機器・教材を活用する前提として、それらの長所や短所をつかんでおくようにしたい。さらに、個々の機器・教材の性質や特徴などもさらに考え合わせ、利用するものを選ぶようにする。

◎**メリット**
- 受講者の興味を引く

- 受講者に強いインパクトを与える
- 伝えたい内容を繰り返し強調できる
- 物事を具体的に表現できる
- 情報伝達や説明のもれを防げる
- 複雑な内容をわかりやすく伝えられる
- 研修時間を効率的に使える
- インストラクターの感情に左右されず、常に同じ内容を提示できる

▲デメリット
- 画像、映像、音声、などは文章とは違い受講者の手元に残らない
- 教材作成に手間がかかる
  市販の教材の中から自社に合うものを見つける手間暇がかかる
- 主催者側の熱意や姿勢が伝わりにくい

視聴覚機器・教材の活用

　インストラクションの中で、視聴覚機器・教材を活用する場合、インストラクターと機器・教材の関係は、次の3とおりが考えられる。

① 補助的な活用
　インストラクションの進行は、インストラクターが全体的に直接コントロールし、視聴覚機器・教材を、補助的に使う場合

② 視聴覚機器・教材がメイン
　視聴覚機器・教材を中心に、全体的に学習やトレーニングパターンが決まっていて、インストラクターが途中で介在しない場合

③ 役割を分担する

　　教育用のビデオを見た後で、インストラクターがふり返りやまとめを行うなど、インストラクターと視聴覚機器・教材がそれぞれの役割を担う場合

視聴覚機器・教材の活用のポイント

① 目的に合った機器・教材を選ぶ

　　使用する機器・教材が研修のねらい・指導内容に合うものかどうかを十分に検討する。さらに、問題提起に使うのか、補足的な説明に使うのか、内容のまとめに使うのかなど、それらを活用する目的を明確にする。

② 機器操作・教材の扱いは確実に

　　研修前に、機器操作や教材の扱いに習熟し、その場になってから、まごつかないようにしたい。教材の配列や順番のチェックも入念に。

③ 市販教材は十分に内容の理解と検討を

　　市販の教材を用いる場合は、インストラクターが内容を十分に理解しておくとともに、研修内容に照らして、不足や余分なところがないかどうかを把握しておき、フォローすることが大切である。

DVD(DVDレコーダー)の活用

◎**DVDの特性**
- 映像と音声を保存できる
- 自由に再生、再現できる
- 必要な場面でストップできる

第 4 章　教育研修での受講者とのかかわり方

- 現像の必要なく、即再生できる
- 鏡に写したように自己の姿がわかる
- 不要部分の削除や追加の編集ができる
- 受講者の受けとめ方を標準化できる

◎DVD活用のポイント
① 思考や体験の場面を作る
　　DVDは、「見る」「聞く」が特性だが、研修では、それだけで終わらせず、受講者が、自分で考えたり、身体を使って動いてみる場面を加えて設けることが教育効果につながる。

② 疑問や質問をフォローする
　　ビデオ上映中は、受講者に対して一方的に情報が伝えられることになる。従って、受講者の抱く疑問や質問に対し、ふり返りを行うなど、何らかのかたちでフォローし、見せっ放しにしないことがポイントである。

DVDインストラクションの進め方（例）

第1ステップ：教材研究

⬇ インストラクターは、DVDのシナリオや解説書を読み、作品のねらい、内容、活用目的などを十分に理解しておく。

第2ステップ：上映

⬇ 上映前に受講者に対して、目的や着眼点を話しておく。受講者に重要点、気づいた点をメモしながら見るように促す。

第3ステップ：ふり返り

ふり返り用のワークシートを配布し、それを使って、まず、個人で考えを整理してもらい、その後に、ワークシートをもとにグループで話し合いやロールプレイングを行うことによって、学習の要点を浮き彫りにする。

▶【関連】　※巻末資料No.014「視聴覚教材ふり返りシート」259頁参照

> ### 3 研修テキスト
> インストラクションは、研修内容を体系的に配列し記述したテキストをうまく活用して受講者の理解を促進します。

研修テキストの2つの役割

研修テキストには、次の2つの役割がある。

① 研修中、受講者の学習理解を助ける

研修中、受講者が手元に置いて、講義内容を確認したり、必要なことを書き込んだりしながら、内容理解を深めるために用いられる。

② 研修後、学習内容の確認と実践の手引きに活用

研修が終わった段階で学習内容が一冊にまとまり保存できる。必要に応じて引き出し再度確認し学習内容を確実に自分のものにするなど、実践の手引きとして使える。

テキストの配布の仕方

バインダー式のテキストは、研修内容や学習効果を考え、配布の仕方を工夫するとよい。

◎**始めに全ページを配る**

　受講者に研修内容全体がわかっても差し支えない場合や、解説する場合、各ページを参照しながら進めたい場合など

◎**研修の進行に合わせ、該当ページを配る**

　受講者に先のセッションの内容を知らせない方が学習効果が上がるという場合など

◎**解説後に配る**

　解説量が多く、時間の余裕が持てないときや受講者の注意を話に向けたいとき

テキストの使い方の工夫

◎**受講者の注意を引く**

　→受講者に声を出してテキストを読ませる

◎**要点を強調する**

　→要点を記述した部分にアンダーラインを引かせる

◎**眠そうな受講者を起こしたいとき**

　→講義の途中で、「では、○○ページを開いてください」と言って、テキストを開かせる。受講者の身体や視線を動かし刺激を与える

◎**研修時間を節約したいとき**

　→板書する内容をあらかじめテキストの中に組み込んでおく

研修テキスト活用上の留意点

◎テキストの内容を十分に把握しておく

　インストラクターは、事前にテキストの内容について、十分に研究し、把握しておくこと。その意味で、できればインストラクターがオリジナルのテキストを作成するのが望ましい。

◎テキストに頼りすぎない

　テキストに書いてあることを読むだけならば、受講者が自分一人で学習するのと同じで、インストラクションをする意味がない。

　テキストは、あくまで効果的なインストラクションのためのツールであることを忘れてはならない。「テキストを教える」のではなく「テキストで教える」ことが大切である。

◎抽象的な文章表現を他の手段で補う

　同じ文章でも、読む人によって受けとめ方が違うということがある。特に、受講者にとって、経験のない事柄を理解させるときなどは、テキストに書かれた文章による説明だけでは難しいことがある。

　そういう場合には、視聴覚機器・教材などを利用して、図や映像などで補うようにする。

4 ワークシート・研修ラベル

ワークシート、研修ラベルは、研修ツールの定番といえます。それらをうまく活用することで、受講者が自分の頭で考え、主体的な学習への取り組みが期待できます。

ワークシート

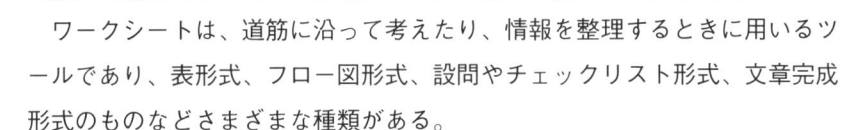

　ワークシートは、道筋に沿って考えたり、情報を整理するときに用いるツールであり、表形式、フロー図形式、設問やチェックリスト形式、文章完成形式のものなどさまざまな種類がある。

◎**どんなときに活用するか**
- 一定の道筋に従って思考させるとき
- 複雑な情報を整理・分析させるとき
- 発想を促すとき、など

◎**ワークシート活用上の留意点**
- ワークシートは事前に試しておく

　ワークシートは研修本番で使う前に、受講者になったつもりで、インストラクター自身が実際に記入してみるとよい。実際に記入してみると、考えづらいところや記入スペースが小さいといったことに気づくことがある。

- 用意したものすべてを無理に使おうとしない

　初心者のインストラクターによくあるのは、時間が余ることを心配して、ワークシートをたくさん準備しすぎること。そこで、気をつけなけ

ればならないのは、「せっかく準備したのだから、全部使おう」などと思わないことである。あれもこれも詰め込んで、受講者が消化不良を起こさないようにしたい。

ワークシート活用の手順

① ねらい・背景を伝える
⬇
② ワークシートの説明
⬇
- ワークシートの内容構成や記入方法、注意事項、演習を進めるにあたっての注意事項などを説明する。
- ワークシートの現物を見せながら、あるいはスクリーンに投影して指し示しながら丁寧に説明する。
- 作業手順などは、2度繰り返して説明するとよい。

③ 質問・確認
⬇
- 受講者からの質問を受ける。
- 受講者が演習の手順を正しく理解しているか、演習を進めることについて納得しているか(動機づけは十分か)、の2点を確認する。

④ 演習開始
⬇
- 受講者の作業がスムーズに進んでいるかをそれとなく見回り、観察する。手順を説明したつもりでも、よく聞いていなかったり、勘違いしたりすることがあるので注意する。
- 演習開始後、質問に答える場合は、他にも同じような疑問を持つ受講者がいるかもしれないので、質問者個人に返すのではなく、受講者全体に向かって説明する。

ワークシートの活用例

受講者個人でワークシートを作成した後には、次のようにいろいろな展開ができる。

→受講者の中から数名分をピックアップし、全体に発表する。

→グループ内でシートを相互に交換し、他の人の物と比較しながら考える。

→個人で作成したものを基に、グループの統一見解として模造紙にまとめ、全体で発表する。

→個人で作成したワークシートの内容をグループでまとめ、さらに発展させ、テーマを与え、グループの中で話し合う。

例：①まず、個人で職場や仕事の不満や疑問を出す
　　②グループ内で意見交換、共有化する
　　③問題点をまとめる
　　④改善策をグループ討議する

研修ラベルの効果的活用

研修ラベルは、手軽でシンプルなツールである。インストラクターのアイデア次第で、活用の幅が広がり便利なものである。

◎**複雑な情報を整理し、まとめたいとき**
- 情報収集と情報の整理・まとめの作業を切り離し、それぞれの作業に集中できる。

◎**とにかく新しいアイデアを出したいとき**
- 体系立て、構造の組み立てなどを意識しないで、発想することに集中できる。

◎**複数メンバーで全体をまとめたいとき**
- 受講者全員が平行して、情報収集や発想を進められる。
- 情報を体系立てて整理したり、発想を構造化したり、作業を試行錯誤できる。

研修ラベルを用いた代表的な技法

◎《KJ法》
文化人類学者　川喜多二郎氏が考案し、その頭文字をとって名付けられた技法で、問題解決や創造性開発に活用できる。

◎《NM法》
中山正和氏が考案し、その頭文字をとって名付けられた技法で、発明のための発想技法。ラベルを用いる点で、KJ法と似ているが、絵を併用すること

でイメージ思考や直感を促すという点は、この技法独自。

◎《7×7法》
　セブンクロス法。カール・E・グレゴリーが考案したデータ処理の技法で、データを縦横7項目に分類するところから名付けられた。

▶【関連】　※「第5章　PART❾　8 セブンクロス法（7×7法）」207頁参照

研修ラベルの活用例①

◎研修のスタート時
　受講者を把握し、研修に引き込んでいくためにラベルを活用する。

活用の手順
⬇

① 受講者に研修ラベルを配布
⬇　● 各自1枚
　　● 大きさ＝縦10cm×横12cm程度

② 記入項目の提示
⬇　● 記入する内容項目をいくつか用意しておき、板書して、提示する
　　●（例）
　　　1.今回の研修に期待すること
　　　2.職場や仕事での疑問点や困っていること
　　　3.現在の心境

③ 記入項目の選択と記入
⬇　● 記入する項目は、提示した中から受講者が1つ選ぶ
　　● 名前、記入項目の番号、内容を記入する

- 記入時間は、10分程度

④ 研修ラベルの回収

↓

⑤ 回収後、内容を整理して、研修の中で活かす
- 休憩時間や受講者が作業している時間などをうまく利用して、内容を整理する
- 研修を通じて、フィードバックする

研修ラベルの活用例②

◎研修途中で

　受講者が発表する際、聞いている人の意識を集中させるために活用する。

活用の手順

↓

① 受講者に研修ラベルを配布
↓
- 発表を聞く人にそれぞれ発表者人数分の研修ラベルを配布
- 大きさ：名刺大
- 発表者には、A3程度の白紙の用紙を配布する

② 発表
↓
- 聞いている人は、発表を聞きながら、発表者へのアドバイスまたは、質問を記入する。
- 研修ラベルの上部に小さく「○○さんへ」「▲▲より」のように、「発表者氏名」「記入者氏名」を書いておく。

③ 発表者に渡す

↓

④ 発表者のふり返り

⬇ ● A3程度の白紙の用紙を使って、受け取った研修ラベルのアドバイスを整理し、気づいた点をまとめる。
　● 質問についての回答をまとめる

研修ラベルの活用例③

◎**研修の終盤に**
受講者の理解の状況を確認するために活用する。

活用の手順
⬇

| ① 受講者に研修ラベルを配布 |

⬇ ● 各自3枚
　● 大きさ：名刺大

| ② 記入項目の提示 |

⬇ ● 記入する内容項目をいくつか用意しておき、板書して、提示する
　● 例：1.今回の研修で学んだこと
　　　　2.職場や仕事で実践してみようと思うこと
　　　　3.受講して感じたこと

| ③ 記入項目の選択と記入 |

⬇ ● 記入する項目は、提示した中から受講者が1つ選ぶ
　● 名前、記入項目の番号、内容を記入する
　● 記入時間は、10分程度

| ④ 研修ラベルの回収 |

⬇

| ⑤ 回収後、内容を整理して、研修の中で活かす |

　● 休憩時間や受講者が作業している時間などを利用して、内容を整理
　● 研修終了時にフィードバックする

コラム4
言い切るところとそうでないところを分ける

○言い切るべきところは言い切る

　研修では、言い切るところとそうでないところを分けて話すことも大切です。外部インストラクターは、そこの社員ではありませんから、内部事情について詳しくないところがあります。具体的なところとなると、どうしても言葉を濁すしかありません。

　ところが、社内インストラクターは社内の事情に精通しているわけですから、具体的に言い切ることができます。

　たとえば、次のようなことについては言い切らなくてはなりません。

①組織の原理・原則的なもの：代表的なものは、職場のルールです。たとえば、遅刻は好ましくないというのはどこの組織でも当たり前のことなのですが、現実によく遅刻する人を知っていると、どうしても言い切れなくなってしまうというところがあるので注意したいところです。

②自分の会社が大切にしている考え方：自分の心のどこかに、あるいは職場の誰かから「もう時代遅れだよ」「ピントがずれている」という思いがあると、明言しにくくなるかもしれませんが、力強く言い切るべきでしょう。

・戦略・戦術に関すること：それが必ずしも100％成功するとは限りません。また、過去には失敗したものもあるのではないでしょうか。そのために、つい曖昧に発言してしまうということにならないようにすることです。

・具体的な事実、数値：伝えるべき事実や数値は、あいまいな言い方をせず、きちんと準備して臨むことです。

・これから変えていくべきこと：変革するということは、どうしても現状の否定から入らなければなりません。ある意味、自分のやっていることや、長年続いてきた規範を否定するという点では難しいことですが、割り切ることです。

○言い切りと言い切らないテクニック

　言い切る時に気をつけたいのは、ただ単純に「○○は△△です」というだけでなく、その背景にあるものを伝えることです。

　具体的には、「○○です、というのは△△ということがあるからです」というように、△△の部分を丁寧に説明することが説得力を生むのです。

　社内インストラクターは、この△△の部分については事前準備を十分に行っておく必要があります。社内の具体的な事実を出せるかということがポイントになります。

○これは言い切らなくても

　一方、言い切らない方がよいという内容のものがあります。それは、社会現象、人の行動に関するものです。たとえば、「人は皆、金銭的な収入のために働いています…」というのは、必ずしも言い切れないところがあります。逆に、「人は金銭など考えないで働くことです」という言い切りも問題なのです。

　つまり、人の行動にはその両面があるということなのです。これには、サラッと話して、言い切らないことです。

　たとえば、「仕事をしたら給料は貰わなくては困りますけど、それだけでもないですよね」、「仕事はお金じゃないという人がいますけど、食足りて礼節を知るというものありますよね」というようにするのです。

　結局、「言い切る」「言い切らない」を臨機応変に行うことです。

　この部分は、逆に社外インストラクターの方が得意だと言えます。部外者だけにこのサラッと講義をすることにより、受講者に「そういうものなのか」と思わせるインストラクションスキルを持っているからです。

　社内インストラクターがこれを上手くやるためには、レッスンプランを細

かく具体的に書くことです。微妙な表現が受講者にどう判断されるか、事前によく考え、言い切るかどうかを決めておきましょう。

あまり言い切りパターンばかり講義を進めていくと、研修内容が圧迫的になってしまいます。逆に言い切らないパターンで終始していくと、講義全体にメリハリがなくなってしまいます。ちょうどよいバランスを考えることもインストラクターの務めです。

2つの見極め

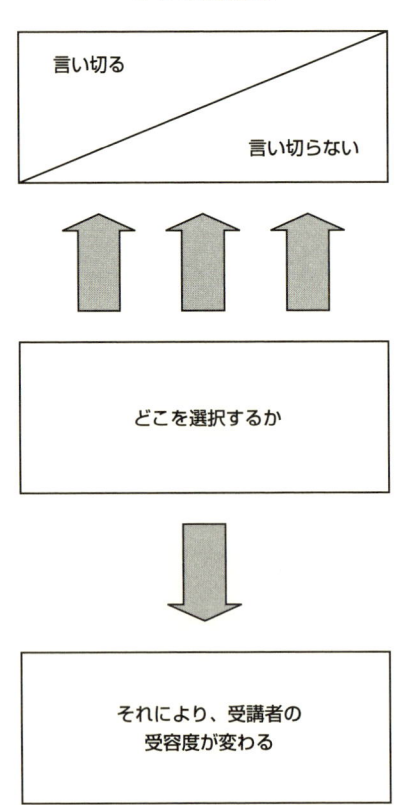

言い切る

言い切らない

↑ ↑ ↑

どこを選択するか

↓

それにより、受講者の受容度が変わる

第5章
教育研修方法で効果を高める

PART❾ 教育研修技法の活用
1 アイスブレイク
2 グループ討議法
3 ロールプレイング(役割演技法)
4 教育ゲーム
5 事例研究
6 テスト
7 ブレーンストーミング(Brain Storming)
8 セブンクロス法(7×7法)
9 フィードバック(Feedback)
10 野外活動

〈コラム5 ちょっとした手作り教材で効果を上げる〉

PART❿ 研修実施後の評価とフォロー
1 教育研修の効果測定
2 教育研修評価
3 教育研修後のフォローアップ
4 インストラクションのふり返り

〈コラム6 受講者の反応から教育研修効果を探る〉

PART 9 教育研修技法の活用

1 アイスブレイク

受講者の緊張をほぐすことをアイスブレイクといいます。
効果的な研修を行うためには、受講者の緊張度が高い場面で、タイミングよくアイスブレイクを取り入れるようにします。

アイスブレイクの活用

◎どんなときに行うか
　例：
- 研修スタート時
- 受講者同士面識がないとき
- 長時間緊張が続いたとき

◎例えばこんな方法で
- 講義に適度なユーモアをまじえる（講師の失敗談やエピソードの紹介など）
- 頭ばかり使わず、身体を動かす（体験学習、息抜き体操など）
- 教育ゲームを実施する
- 自己紹介により相互理解を深める
- 研修の場を変える（野外活動など）
- 休憩タイムをはさむ

自己紹介も工夫次第

① 絵による自己紹介

自分の現在の心境や自分自身を表現するものなどを1枚の絵にして、その絵をもとに自己紹介をしてもらう方法。この方法を使えば、人前で話すことが苦手な人も案外に楽に話せる。

▶【関連】　※姉妹書『教育研修の効果を高めるワークシート集』049頁にシートNo.2-13「絵による自己紹介シート」収録

② 項目指定による自己紹介

受講者それぞれに、紹介項目を書いたシートを配布し、その中から3つを選んで自己紹介をしてもらう。インストラクターが各受講者に紹介項目を指定してもよい。

- ● 項目指定による自己紹介「紹介項目」の例
    1. 経歴
    2. ふるさと
    3. ニックネームの由来
    4. 長所と短所
    5. 趣味
    6. 特技
    7. 人生観
    8. 将来の目標、など…

▶【関連】　※姉妹書『教育研修の効果を高めるワークシート集』052頁にシートNo.2-16～18「項目指定による自己紹介シート(その1～3)」収録

③ 他人紹介

受講者同士ペアになって、相手を全員に紹介する方法。互いに情報収集するので、比較的早い時期に緊張がほぐれる。項目指定自己紹介と結合して、「項目指定他人紹介」にしてもよい。

④ インストラクターの自己紹介

インストラクター自身の名前や仕事にからめたユーモアのある自己紹介をとおして、受講者がインストラクターに親近感を抱き、リラックスした状態になるのもアイスブレイクの一つである。

インストラクターの自己紹介の留意点

① 自分の宣伝はほどほどに

自分がインストラクターを務めることの適切さを、あまりストレートに言い過ぎると、受講者の反感を買う場合があるので自己宣伝はほどほどにする。

② 簡潔を心掛ける

自己紹介は簡潔に行うようにする。あまり長くだらだらすると、受講者の興味や関心が研修のテーマからそれて、インストラクター自身のことに移ってしまいかねない。

③ あがらないように準備する

研修の最初は、受講者も緊張しているが、インストラクター自身もあがってしまうことがある。受講者をリラックスさせるには、インストラクターがあがらないようにすることが必要である。そのためには、ユーモアのある話などを何度か練習して、準備しておくとよい。その話の間にかなり気持ちを落ち着かせることができる。

▶【関連】　※巻末資料No.015
　　　　　「インストラクターの自己紹介準備シート」260頁参照

アイスブレイクのここがポイント！

①受講者の身になって

　アイスブレイクは、受講者の様子や反応を見ながら入れるのが理想的。それには、受講者をよく観察し、受講者の立場に立つことが大切。

②緊張は適度にある方がよい

　アイスブレイクのはずの話が脱線したままになったり、リラックスしすぎてだらだらしないように注意する。

▶【関連】　※姉妹書『教育研修の効果を高めるワークシート集』050頁にシートNo.2-14～15「アイスブレイク：頭の体操」収録
　　　　　058頁にシートNo.2-22「印象交換シート」収録

緊　張　　　　　　　　　　適度なリラックス

2 グループ討議法

グループ討議法は、仕事に関連した問題などをテーマとして受講者に議論させ、結論を導く技法であり、企業内研修で広く活用されています。

グループ討議法の種類と特徴

◎討議法の種類や形式

例：

- 実際の職場で直面している問題点や改善課題を話し合い、解決策を検討する討議
- 一般的なテーマに対し、個人の経験や知識をもとに自由に意見を交換し進める討議
- パネルディスカッションやシンポジウム、フォーラムなどの多数の参加者で行われる大集団討議

その他にも、理解促進テストや事例研究、ブレーンストーミングなど、他の技法の中にも討議が組み込まれており、広い意味では、それらも討議法と解釈できる。ここでは、他の技法に含まれる討議以外の一般的な討議法の中から、提示された課題に対して、グループの中で意見を交換し、グループとしての結論、見解をまとめあげる討議法を中心に解説する。

◎グループ討議法の特質

- グループ討議では、受講者が能動的に討議のテーマに関わっていくことになる。自分たちで考え、出した結論なので、結論に対しての納得の度合いが高く、受け入れやすい。従って、講義に比べ、職場の実践行動にも結びつきやすい。

- こんなときに役に立つ
  - 個人の体験や状況を情報交換、意見交換することで、受講者間の相互理解を促す
  - 問題意識を高め、課題設定や問題解決への足がかりを作る
  - 受講者の前向きな考え方、姿勢をつくる

グループ討議法の長所と短所

◎メリット
- 受講者中心で進められるため、参画意識が高まる
- 物事を検討する際の多角的な視点の必要性を学べる
- 他人の意見との比較により、自分の意見を評価できる
- 他人の優れた考えや知識にふれ、相互啓発から自己啓発のきっかけになる
- 個別に検討した場合よりも優れた発想が生まれる可能性がある
- 討議のプロセスを通じ、受講者の相互理解、チームワークができる
- 結論を導く過程が、他への影響力(説得活動、リーダーシップなど)や問題解決力の向上の機会となる

▲デメリット
- 講師が直接関与する部分が少なく、指導方法が難しい
- 討議に時間がかかるため、時間的余裕が必要になる
- 発言する人が一部に偏りやすい
- 影響力の強い人に引きずられ、必ずしもよい結論が得られない
- 研修の場では、情報が限られ、ありきたりの結論しか出ないことがある
- リーダーシップをとる人がいないと討議がしらけて活発に行われない
- 討議が抽象的な内容に終始し、雑談に終わる恐れがある

グループ討議法の基本的な進め方

① ねらいの明確化
- 何のために討議を行うのかを説明し、受講者の納得を得る

② 討議の進め方の説明
- 討議のテーマ、手順、制限時間、まとめ方、注意点などを明示する
- 討議に参加する受講者の心構え、約束事なども話す

③ 役割分担
- リーダー、書記係、タイムキーパー、発表者などをグループ内で決める

④ 討議の実施
- インストラクターは受講者の様子をさり気なく観察し、コメントに活かせる情報収集をしておく
- 受講者の状況、必要に応じてインストラクターが介入する

⑤ 討議のまとめ
- 模造紙やパソコンなどを活用する

⑥ 発表方法の説明
- 発表時間手順などのルールを決める

⑦ 討議演習全体のまとめ
- 質疑、全体討議、インストラクターのコメントなど

グループ討議法のここがポイント！

◎研修の目的と受講者に合ったテーマ選びを
- テーマを選ぶときは、研修の目的と受講者が興味を持ち、主体的に取り組めるテーマを考慮する
- テーマの提示だけで受講者に興味を持たせるのが難しいときは、口頭により、テーマの意義づけをフォローする

◎テーマの抽象度を調整する
- テーマが具体的すぎると
  → 討議のためのデータが必要になる
  → 日常職場生活で検討されたものと同じになってしまう

- テーマが抽象的すぎると
  → 天下国家を論じるような話し合いに終始してしまう
  → 当事者意識が持てない

◎枠組みをしっかりと

最終的に結論が出ない、時間内にまとまらないといった状況を予防するには討議の枠組みをはっきりさせることがポイントになる

例：
- 進行の手順を明確にする
- 進行の手順をテーマの中に含めてしまう
- 用いる資料を十分に検討する

グループ討議法をうまく進めるには

時間オーバーしそうなとき
- 他のグループの進み具合を知らせる
- 遅れていることを伝える
- 討議の目的を再確認させる
- 討議の視点をアドバイスする
- 多少の遅れならば、短い休憩時間で調整する

早く終わってしまいそうなとき
- 討議をふり返り、ミスやモレがないかなど再確認させる
- 全員が納得の上の結論かどうか問いかけてみる
- インストラクターが質問し、考えさせる
- 発表の準備をさせる

討議時間に関する工夫
- 昼、夜などの休憩の前の時間帯を使い、他のセッションに食い込むことを防ぐ
- 討議時間にゆとりがないときには予め個人で検討してくるなどの事前学習をうまく取り入れる

討議対象人数の調整
- 全員が発言するには1グループは5〜8人が適当
- 最終的にグループごとに全体発表を行うには、6グループ程度が適当

グループ討議法の例①

◎ 問題解決のための討議

受講者が実際に職場や仕事で直面している問題点や改善課題を討議する。

〈進め方〉

① 討講テーマの提示
- 個人が職場で困っている問題点などを挙げ、グループ内で発表、共有化する
- 次に、その中からグループとして討議するテーマを自分たちで選ぶ

② 問題点の分析
- 問題の発生状況や経過など、事実を洗い出す
- 問題の背景や本質を探り、原因を究明する

③ 解決策・改善策の検討
- 話し合って具体的な解決策・改善策を提案する

④ 発表
- 解決策・改善策を模造紙にまとめる
- 1グループずつ発表し、質疑応答、アドバイスをする
- 全グループ発表後、インストラクターがコメントし、全体のまとめを行う

⑤ アクション・プランの作成
- 他グループやインストラクターのアドバイスをもとに策を修正する
- 個人で具体的な行動計画を立てる

グループ討議法の例②

◎フリー討議

インストラクターが一般的なテーマを提示し、制限時間内に、グループ内で自由に討議して、結論、見解をまとめる。

テーマ例：（新入社員導入研修の場合）
- 「学校と職場の違い」
- 「チームワークがよいとは?」
- 「コミュニケーションをよくするには?」など

進め方

⬇

① 討議テーマの提示

⬇ ● インストラクターが提示

② 手順等の解説

⬇
- 制限時間
- まとめ方の指示
- 結論を出すにあたって、考え方のルールの解説など

③ 討議の実施

⬇ ● 討議中、インストラクターは、各グループの進捗状況などを観察し、コメントの材料となる発言を収集したり、うまく進んでいないグループがあれば、うまくリードする

④ 全体発表

⬇
- グループの代表者による全体発表
- 質疑応答

> ⑤ 全体のまとめ

- 全グループ発表後、インストラクターが気づいたことをコメントし、全体のまとめをする

グループ討議へのかかわり方

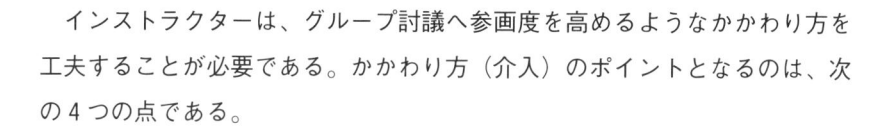

インストラクターは、グループ討議へ参画度を高めるようなかかわり方を工夫することが必要である。かかわり方（介入）のポイントとなるのは、次の4つの点である。

◎ポイント1：2つの視点から考える
- 視点①→「内容」についてか、「進め方」についてか
- 視点②→働きかけの「対象」はどこか

◎ポイント2：直接か間接か？
討議から引き出される内容や結論が期待レベルから大きくかけ離れている場合
- その内容や結論にどのようなアプローチをすべきか判断が必要である
  →直接的なアプローチをするか？　間接的なアプローチか？
- 進め方について押しつけすぎると、グループ討議の自主性を失わせる

◎ポイント3：最初から個人に働きかけない
- 初めから個人に対して働きかけることは避けて、次のようなステップを踏む

[働きかけのステップ]

全体（受講者全員） → 一部分（受講者の一部分） → グループ（1グループまたは複数グループ） → 個人

◎**ポイント4：研修の進行状況を考えてかかわる**
- 研修スタート時には、できるだけ全体に働きかけるようにする
- 研修が進み、受講者と人間関係ができてきたら、個人への働きかけも考えられる

3 ロールプレイング（役割演技法）

ロールプレイングとは、実際の仕事に近い場面を設定し、受講者が役割を演じ、身体的経験を通して技能を学ぶ動的な技法です。

ロールプレイングの特徴と種類

◎ロールプレイングの特質

- 身体で学ぶ

  身体的経験を通して体得するため、知識レベルから技能レベルへの落とし込みができる。

- インストラクターの技能に左右されやすい

  受講者の体験が中心となるだけに、テキストどおりにいかない面もある。この技法の効果は、インストラクターの技能に左右されやすい。従って、インストラクターの進め方に工夫が必要である。

- こんなときに役に立つ
  ① 基本動作や技能を身につけたいとき
     →接遇マナー、仕事の教え方など
  ② 対人能力を向上させたいとき
     →セールストーク、部下との面接など
  ③ 態度や行動を変容させるとき
     →職場行動、接客態度など

◎ロールプレイングの種類

ロールプレイングには、次の3種類の進め方がある。それぞれの特長を活かしながら、制約条件との調整を図って選定する。

① 簡易法
② 観察法
③ グループ別・並列ロールプレイング

簡易法によるロールプレイングの進め方

簡易法は、本格的なロールプレイング実施のための、プレ・ロールプレイングとしても活用できる。

〈進め方〉

↓

| ① 受講者の中から演技者を選出する |

↓　●インストラクターが相手役となる

| ② 場面設定 |

↓　●口頭で指示を行う程度のごく簡単な場面設定とする

| ③ 演技の実施 |

↓　●受講者に前に出てもらう

| ④ 全体で検討・分析 |

↓　●良かった点、改善点

| ⑤ インストラクターのコメント |

　　●気づいた点、アドバイス、次の講義や本格的ロールプレイングへつなぐ

観察法によるロールプレイングの進め方

〈進め方〉
↓

① 事前準備
↓ ● あらかじめ場面設定をし、説明資料を受講者に配布する

② 演技者の決定
↓ ● グループ内で自由に決める

③ 演技の実施
↓ ● 演技者以外の受講者は、「観察シート」を用いて、演技を分析しながら観察する

④ 観察者のコメント発表
↓ ● 必ず良かった点、改善点の両方を発表する

⑤ 再演技
↓ ● 改善点は、必要に応じて再演技してもよい
● この場合、「こうするべき」という原則論を受講者に押しつけない 受講者の中から自然に答えが出るようにし、インストラクターは補足程度に介入する

▶【関連】 ※姉妹書『教育研修の効果を高めるワークシート集』281頁にシートNo.11-19「ロールプレイング観察シート」収録

観察法のレイアウト

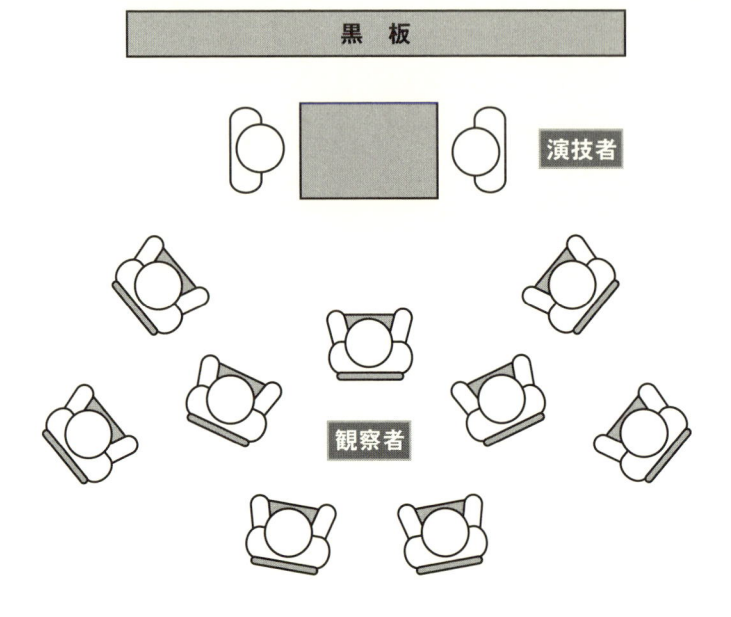

[黒板]

[演技者]

[観察者]

グループ別・並列ロールプレイング

　この進め方は、受講者人数が多い場合、会場に制約がある場合に適する。グループとして分散して進めていくので、全体のまとまりがつかなくなる恐れがある。インストラクターは、進行の枠組みをしっかりさせ、説明に抜け落ちがないように気をつける。

〈進め方〉
↓

① 事前準備

↓　●受講者を小グループに分ける

- 予め場面設定をし、説明資料を受講者に配布する
- インストラクターから、進め方等を解説する

② ロールプレイングの準備

↓
- グループ内で討議しながら、制限時間内に演技できるようにストーリーを作る
- 繰り返し練習し、リハーサルをする

③ 演技の実施

↓
- 演技していないグループの受講者は、「観察シート」を用いて、演技を分析しながら観察する

④ 観察者のコメント発表

↓
- 必ず良かった点、改善点の両方を発表する

⑤ インストラクターのコメント

- インストラクターは観察者の気づかなかった点などに触れる

▶【関連】 ※姉妹書『教育研修の効果を高めるワークシート集』281頁にシートNo.11-19「ロールプレイング観察シート」収録

ロールプレイングのココがポイント①

◎参画しやすい雰囲気を作る

ロールプレイングで大切なことは、受講者が「自分もやってみよう!」という意識を持つことである。そこで、インストラクターは、受講者が参画しやすい雰囲気作りをするように配慮する。

具体的には、

① 受講者に心の準備をさせておく

- 「それほど難しいことではない」といった意味のことを伝えておく。

② コメントの仕方に注意する
- 演技へのコメントは、まず、良い点を見つけてほめ、次に、改善点を具体的に指摘することである。

◎補助教材を活用する
補助教材の活用は、受講者の参画意識を高め、研修主催者側の前向きな姿勢を表すことにつながるので、上手に活用する。

例：
- ネームプレートで演じている役割を明らかにする
- 机上プレートを活用して、部名・部門などを設定する
- 湯茶接待のときの茶碗、茶たく、お盆などを用意する

ロールプレイングのココがポイント②

◎VTRと観察シートを活用する
ロールプレイングのコメントは、できるだけ具体的な事実に基づいて行うのがよい。また、コメントは、そのつど指摘するのでなく、演技終了後に行うのが普通である。しかし、ただ演技を見ているだけで、最後にコメントを言うのはなかなか難しい。そこで、観察シートに記入しながら、ふり返りでVTRをモニターに映し出して、活用すると効果的である。

◎インストラクターも講評を考える
ロールプレイング終了後、観察者がコメントをするが、インストラクターは、それで終わらせないようにすることが必要である。そのコメントを受けて、さらに効果的な講義へと展開を図ることが大事であり、コメントを受けたら、それについて講評することを心がけるようにする。

4 教育ゲーム

教育ゲームは、研修の流れに変化をもたらす技法です。受講者が楽しみながら体験を通して、組織のなかで役立つ考え方や仕組みなどを学ぶことができます。

教育ゲームの長所と短所

◎メリット
- 受講者の学習への抵抗感が少なく、参加意識を高められる
- 体験学習を通して、実感的に学ぶことができる
- 難しい内容を単純なモデルに置き換えることでやさしく理解できる
- 受講者同士のコミュニケーションやチームワークが高まる
- 研修場面を盛り上げ、変化をつけることができる

▲デメリット
- 「楽しかった」だけで、何のためのゲームか目的を見失いがちである
- インストラクターに力がないと、目的を十分に理解させることができない
- ゲームの結果が意図されたものでなかったとき、フォローが難しい

教育ゲームの選び方

教育ゲームは、次のような基準を考慮して選択する。

① 問題意識を持つ
「何に使いたいか」「何を教えたいか」を明確にする

②3つの視点から判断する

- **第1の視点**「どこまで使えるか」
 ゲームの名前だけで選ばず、「どういうテーマで使えるか」「受講対象範囲はどういう人たちか」など、実質的に中身がどこまで使えるかを確認すること

- **第2の視点**「手順についての検討」
 手順は簡単なものか、複雑なものか、また、社内インストラクターで運用できるものかどうかのチェックも忘れないこと

- **第2の視点**「制約条件はクリアできるのか」
 研修会場、時間などの制約条件を踏まえて、教育ゲームの実施が可能かどうかを判断すること

教育ゲームの目的を押さえる

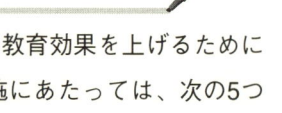

　教育ゲームは、ゲームそのものが目的ではない。教育効果を上げるためには、目的を明確にしておくことが大切である。実施にあたっては、次の5つの目的のどれにあてはまるかを押さえることが必要である。

①「概念の把握」のために
　例えば、リーダーシップであれば、リーダーシップとはこういうものであるというように、大雑把にその全体像を知るため。

②「アイスブレイク」のために
　研修スタート時でまだ人間関係ができていない場合に、教育ゲームを通じて緊張感をほぐし、研修への積極的参加を促すため。

③「教訓の形成」のために
　体験したゲームの中から「こういうことには気をつけなければならない」「これは積極的にやるべき」などといったチェックリストを引き出すため。

④「疑似体験」のために
　本来ならば、自分が直接体験し、バランス感覚を身につけるところだが現実的には難しい場合に、"マネジメントゲームで経営的な感覚を味わう"といったように、疑似体験することによって学ぶ。

⑤「研修の流れに変化をつける」ために
　一つの方向で流れてきた研修内容を別の流れにもっていくため。受講者が主体的に教育ゲームに参加することにより、自然な流れの方向づけができる。

第 5 章　教育研修方法で効果を高める

教育ゲームの基本的な進め方

　教育ゲームは、内容によって多少異なる場合もあるが、次のような進め方がごく基本的な手順である。

| ① 基本的考えの説明 |
- 学習内容の概略を説明し、何のために行うかを明確にする。例:「コミュニケーションゲーム」であれば、コミュニケーションについての概略を説明し、何をどうするかはゲームの中から学んでいく

| ② 手順の説明 |
- 手順の説明と確認
- 手順は、マニュアルに忠実に行うこと

| ③ ゲームの実施 |
- インストラクターはゲームの実施内容を観察する
- 全体をとらえるのと同時に、受講者の様子を観て具体的事例を集めることで、後に、説得力のあるコメントにつなげる

| ④ ゲームのふり返り |
- ふり返りシートやグループ討議などによるふり返りを行う
- ゲームのまとめは、ゲームそのものの中から素材を集めて講義する場合には、全体の流れから飛躍し過ぎないこと

| ⑤ 一般化への落とし込み |
- ふり返りの内容、ゲーム中の出来事を受けて、一般論の展開を導き出す
- 「だから○○だ」というかたちで、性急に落とし込まないこと

| ⑥ 補足説明 |
- ゲームの内容に固執せずに、広く説明を加える
- インストラクターの私見を加える

教育ゲームのここがポイント！

◎目的をはっきりさせる
ゲームそのものが目的にならないようにすること。はじめにゲームがあってはならない。

◎ゲームに頼りすぎない
教育ゲームだけで大きな効果を期待しないこと。研修の中に位置付けられて初めて、その存在価値が高まるものである。

◎教育ゲームの限界を知る
疑似体験の場合、現実ではないことの限界を知る必要がある。マネジメントゲームを経験しても、"経営がわかった"ということではない。

◎安易に多用しない
簡単に導入、運営できるからといって、単に時間やプログラムを埋めるためなどの目的で安易に多用するのは好ましくない。

> ### 5 事例研究
>
> 　事例研究は、職場などで現実に起こると考えられる問題を事例として提示し、個人検討やグループで討議を行い、解決策や教訓、原理・原則を導き出す技法です。
> 　「インシデント・プロセス」「ケース・スタディ」「ケース・メソッド」など、いくつかのスタイルがありますが、ここでは、それらを個別的に解説するのではなく、さまざまな場面において広く活用できる事例研究としてとりあげます。

事例研究の長所と短所

◎メリット

- 事例を通じた体験が、問題解決力の向上に役立つ
- 受講者自ら考えて引き出したアウトプットは納得性が高い
- 受講者の身近な事例を用いることで興味を引き、研修への参画度が高まる
- 問題解決、日常の組織行動の原理・原則を理解することができる
- 事例を考えるプロセスで自己反省の機会を持つことができる

▲デメリット

- なかなか適切な事例が見つからない
- 受講者の職場や仕事などと似ている状況が事例になっていないと、自分の問題として取り組めない
- 事例は、解決策などを導き出すために十分な情報を盛り込む必要があるため、ボリュームがあり、受講者にはそれを読みこなす力が必要とされる

事例研修の進め方

事例研究で教育効果をあげるには、基本的な進め方を踏まえることである。

① 導入
- ねらいの確認
- 研究の際に受講者がとるべき立場、手順、制限時間を説明する

② 事例研究準備
- 受講者に事例を軽く読んでもらい、質問を受ける
- 導入部分の基本的事項をここでもう一度、確認する

③ 事例研究
- 個人で考える（10～20分程度）→問題点の指摘→事実と原因の追求→改善策等の検討
- グループで考える（60～90分程度）→個人研究の発表→討議→意見の集約→模造紙などにまとめる
- インストラクターは、討議内容で気づいた点をメモし、講評に用いる

④ 発表
- 発表の順序は、グループ番号順、できた順、または、講評・講義を考えて、インストラクターが順番を変えてもよい
- 各グループの発表後、インストラクターは軽いコメントを添える

⑤ 講評・講義
- 各グループの共通点と個別的な特徴に触れる
- 「事例を通してこういうことが言える」というまとめをする
- 「個人としてはこうしたらどうか」という方向づけをする

事例作成の方法

事例は、できるだけ自社にあったものを用いるようにしたい。そのためには、多少、手間暇がかかっても、臨場感のあるオリジナルの事例を作成するのが好ましい。

手順
⬇
| ① 事例研究のねらいと受講対象者を確認する |
⬇
| ② 出来事の情報を収集する |
⬇
| ③ 事例を作成する |
⬇
| ④ 事例を見直し、修正する |
⬇
| ⑤ 事前にテストする |
⬇
| ⑥ 事例研究の実施 |

事例の作り方

①「事前」「発生」「事後」の3つに分ける

事例の基本として、まず、受講者の身近な、あるいは社内外の出来事を、「事前」「発生」「事後」の3つに分けてみる。発生時点をどこにするかで事例の内容が変わるので、学習の目的に照らして、十分検討する。

②「事前」を時系列に整理する

次に、発生に至るまでの経過つまり、「事前」にあたる部分を「5W2H」で時系列に整理する。さらに整理した内容を当てはめながら、全体として一つの物語になるように文章化する。

③ 事件の「発生」をドラマチックに盛り上げる

事前から発生に至るプロセスを劇的に盛り上げるように文章を工夫することが味わいのある事例作成のポイントになる。

④ それでどうなったか、「事後」を用意する

事後の内容とは、「解決策」や「教訓」である。この部分を事例研究で受講者に考えさせる場合は、あえて提示しないようにするが、いずれにしても、教訓などをあらかじめ用意しておくようにする。

▶【関連】　※姉妹書『教育研修の効果を高めるワークシート集』257頁にシートNo.10-14「事例作成・情報整理シート」収録
258頁シートNo.10-15「事例作成シート」収録

事例作成の全体像

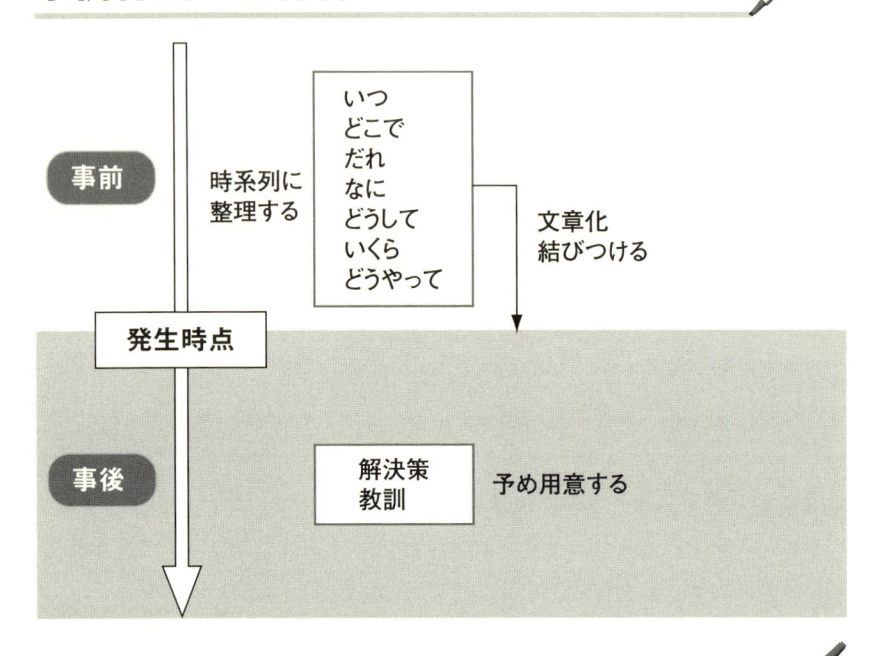

事前

時系列に整理する

いつ
どこで
だれ
なに
どうして
いくら
どうやって

文章化
結びつける

発生時点

事後

解決策
教訓

予め用意する

事例研究のここがポイント！

① インストラクターの意図する結論へ誘導しすぎないように気をつける。
② インストラクターは、グループ討議に必要以上に介入しないようにする。
③ グループ研究は、進め方よりも、討議の内容そのものを重視する。
④ 発表後のインストラクターのコメントは、事例と実際を関係づけるようにする。
⑤ インストラクターは、見る角度や切り口を変えたコメントも用意しておく。
⑥ 受講者から、「自分が当事者ならばどうするか」という、考えが出るようにリードする。

⑦講評では、押しつけにならない範囲でインストラクターの私見、感想も加える。

▶【関連】　※巻末資料No.016「事例研究実施チェックリスト」261頁参照

事例研究のまとめ方

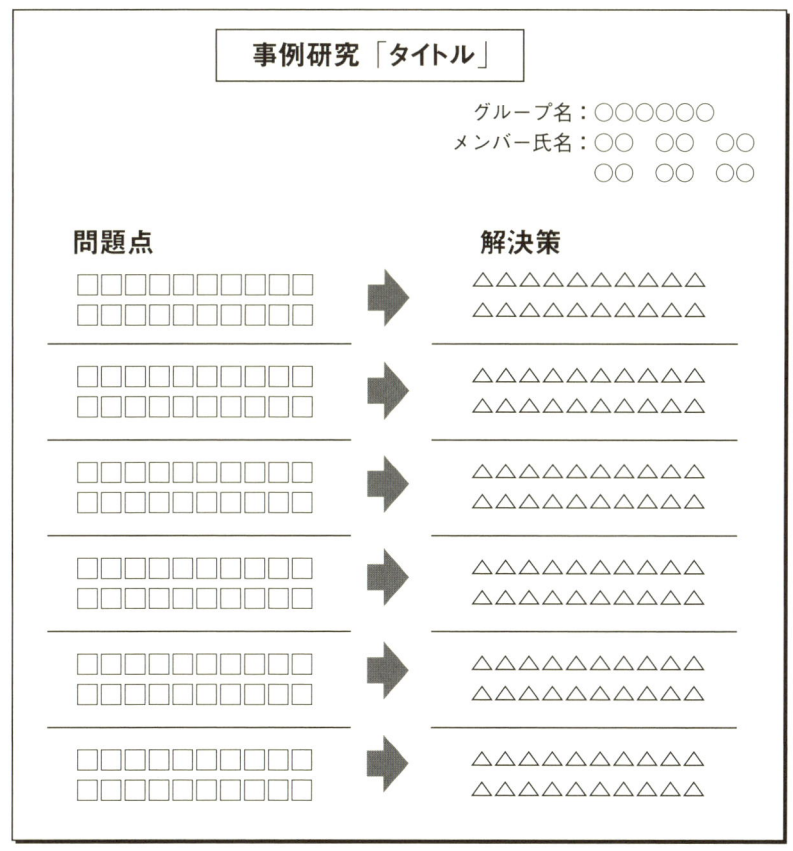

◎模造紙にまとめる場合の例

```
           事例研究「タイトル」

                      グループ名：○○○○○○
                      メンバー氏名：○○　○○　○○
                                   ○○　○○　○○

     問題点                    解決策
     □□□□□□□□        △△△△△△△△△△
     □□□□□□□         △△△△△△△△

     □□□□□□□□   ➡   △△△△△△△△
     □□□□□□□         △△△△△△△△

     □□□□□□□□   ➡   △△△△△△△△△△
     □□□□□□□         △△△△△△△△

     □□□□□□□□   ➡   △△△△△△△△△△
     □□□□□□□         △△△△△△△△

     □□□□□□□□   ➡   △△△△△△△△△△
     □□□□□□□         △△△△△△△△

     □□□□□□□□   ➡   △△△△△△△△△△
     □□□□□□□         △△△△△△△△
```

6 テスト

研修でのテストは、受講生の優劣判定や順位づけが目的ではなく、研修内容の理解を促すことがねらいです。

従って、得点よりも"解答を出すプロセス"をより重視することになります。

テストの活用と種類

◎**テストの活用場面**

研修では、テストの活用機会として、次の3つがあげられる。

① **研修の事前**→知識、技能のレベル、意識や考え方など、受講者の状態を把握し、研修内容に反映させる。

② **研　修　中**→学習内容の理解を促し、強化する。

③ **研修の終わり**→研修内容について、受講者の理解度を確認し、事後の展開に役立てる。

◎**テスト形式のいろいろ**

テストには、次のように、いろいろな形式がある。それぞれの活用目的に合わせて使い分ける。

例：
◎能力、適性、技能診断
◎実技テスト

◎理解促進テスト
◎理解度確認テスト
◎面接テスト
◎小論文、リポート

▶【関連】　※姉妹書『教育研修の効果を高めるワークシート集』126頁にシートNo.5-09「ビジネス文書理解確認小テスト」収録

テストの効用

◎自分たちで考えるプロセスを通して新しい知識が習得できる
◎階層別教育、専門分野の教育など、活用場面が広い
◎講義に変化をもたらすことができる
◎学習内容のポイントを重点的に強化できる
◎チーム活動や集団討議の効率を認識できる

理解促進テスト

◎**理解促進テスト（CCテスト：Concept Clarification）とは**

　グループ討議を通じて、学習内容の理解促進を図っていく技法である。正誤式、あるいは多肢選択式の客観テストを行い、その答えをグループで検討する。

　このテストのねらいは、学習内容のふり返りや重要ポイントの強化であり、講義や事前学習と組み合わせて活用することが多い。テストという名が付いているが、むしろ、テスト方式を組み合わせた集団討議法と考えられ、知識学習には有効である。

◎**理解促進テストのフォーマット(例)**

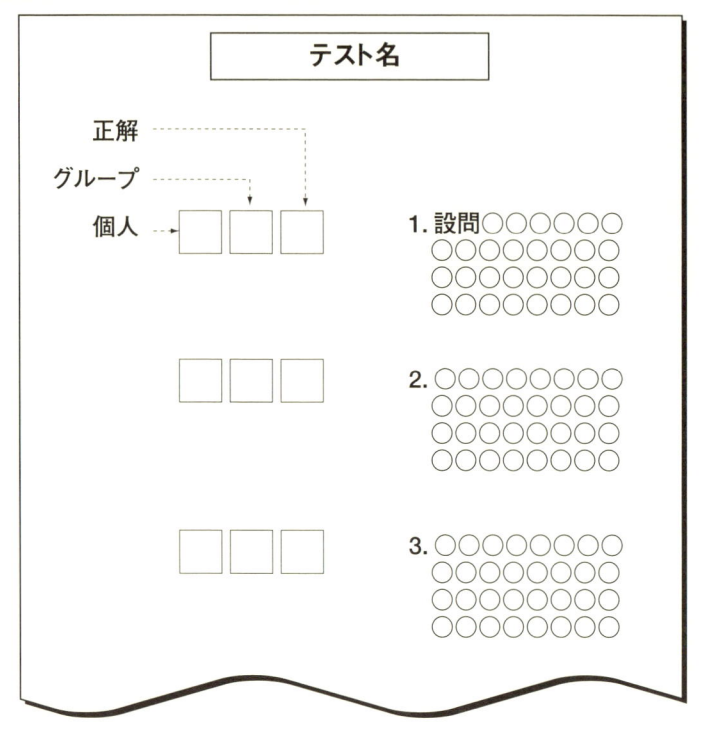

```
                    テスト名

  正解
  グループ
  個人  →  □ □ □      1. 設問○○○○○○
                         ○○○○○○○○
                         ○○○○○○○○
                         ○○○○○○○○

           □ □ □      2. ○○○○○○○○
                         ○○○○○○○○
                         ○○○○○○○○
                         ○○○○○○○○

           □ □ □      3. ○○○○○○○○
                         ○○○○○○○○
                         ○○○○○○○○
                         ○○○○○○○○
```

理解促進テストの作成方法

◎**作成手順**

① 講義・テキストなどから、学習内容の重要部分を抽出する。

② 問題数を設定する。

　一般的な目安:

　　● 正誤式の場合40～50問程度

　　● 多肢選択式の場合20～30問程度

③ 特に受講者に理解してもらいたい点を中心に選択する。
- 考えて答えを出す問題にする
- 受講者の7割が正解を出せる程度の難易度が好ましい

◎正誤式テスト作成のテクニック
- 肯定的文章を否定的に表現する
- 否定的文章を肯定的に表現する
- 文章中の言葉を別の言葉に変える
- 文章の一部を削って、不完全な内容にする

◎多肢選択式テスト作成のテクニック
- 選択肢は3〜4程度にする
- 正解を1つ選ぶようにする
- 最良の答えを選ぶようにする
- 誤っているものを除いた中から、正しい答を選ぶようにする（2段階の比較で）

理解促進テストの進め方

◎活用の手順
⬇
①テストの作成準備
⬇
②講義・事前学習の実施
⬇
③個人で解答
⬇

④グループで解答
⬇
⑤正解の発表・解説
⬇
⑥質疑応答
⬇
⑦討議効率の分析
⬇
⑧誤解答の解説

テストの進め方の留意事項①

① **テストの作成・準備**
- テスト問題は、本番前に試験的に実施して内容のチェックをしておく

② **講義・事前学習の実施**
- 事前に講義や学習を入れない場合もある

③ **個人で解答**
- わからない問題でも必ず何らかの答えを出すように指示する

④ **グループで解答**
- 多数決やジャンケンなどでは決めず、必ず話し合って、理解と納得の上、答えを出すようにする
- 少数意見も尊重する
- グループ全体としての成果を目指すようにする

⑤正解の発表・解説

- 特に重要な箇所や理解しにくい点を丁寧に説明する
- 簡単な所は、さらりと解説し、くどくならないようにする

⑥質疑応答

- 受講者に疑問を残さないようにする

⑦討議効率の分析

- 下記のような「討議効率の出し方」の計算式を用いて計算させ、各グループの結果を比較・分析し、解説を加えて、討議効率を認識させる

⑧誤解答の解説

- 各グループが共通して間違っているのか、一部の勘違いによるものかなど、間違いの傾向、原因などをよくつかんで、解説する

テストの進め方の留意事項②

◎討議効率の出し方

$$\frac{グループ得点 - 個人平均点}{満点 - 個人平均点} \times 100 = \boxed{} \%$$

▶【関連】 ※姉妹書『教育研修の効果を高めるワークシート集』022頁にシートNo.1-11「得点および討議効率計算表」収録

理解促進テストのここがポイント！

◎**解答時間設定の目安**
　個人での解答、グループでの解答、ともに時間を設定する。

- 正誤式の場合→１問につき１分程度が目安
- 多肢選択式の場合→１問につき２分程度が目安

◎**実施する前に目的を明確にする**
　「テスト」と聞いただけで、緊張してしまう受講者もいる。また、単なる得点競争になりかねない。そこで、ねらいやテストの意味を十分理解させておくことが必要である。

◎**解説はポイントを押さえて**
　正解を提示しただけで終わる、得点をつけさせて終わるというのは好ましくない。ポイントを押さえて、解説し、受講者が正しく理解するところに、このテストの意味がある。

◎**グループ討議への介入**
　よく話し合わずに機械的に解答しているグループに対しては、介入が必要である。

▶【関連】　※「第５章　PART❾　❷グループ討議法
　　　　　　　グループ討議へのかかわり方」177頁参照

7 ブレーンストーミング（Brain Storming）

ブレーンストーミングは、集団の効果を活かして意見やアイデアを自由奔放に出し合うもので、アメリカのA.F.オズボーンが考案したアイデアを出すための会議法の一種です。

ブレーンストーミングの長所と短所

◎メリット
- 受講者の参画度を高める（意見がよく出る、雰囲気がよくなるなど）
- 柔軟な思考力が養える
- 物事を肯定的にとらえられる
- 問題解決力の向上に役立つ

▲デメリット
- アイデアや意見の出しっ放しになる。具体的な解決策や意思決定のためには、収束技法との組み合わせが必要になる

ブレーンストーミングのルール

ブレーンストーミングは、以下の4つのルールを必ず守って進めること。

1. 批判厳禁
2. 自由奔放
3. 量を求む
4. 改善・結合

▶【関連】 ※姉妹書『教育研修の効果を高めるワークシート集』018頁にシートNo.1-07「ブレーンストーミング」収録

◎4つのルールの意味

- 批判厳禁
  - 他人のアイデアや意見の良し悪しを判断しないということ。
  - 批判をするとアイデアや意見が出なくなり、会議の効率を下げることになるため。

- 自由奔放
  - 固定観念を破って、自由奔放にアイデアや意見を出すことが大切。

- 量を求む
  - とにかくアイデアや意見の量（数）を出すことを優先する。量が質を生む。

- 改善・結合
  - 他人のアイデアや意見に便乗し、改善したり、結合させて、新しいアイデアを出す。

ブレーンストーミングの進め方

① 準備
- 受講者を5～6人で1グループに分け、グループメンバー同士、顔が見えるように机と椅子を配置する。
- 各グループで、リーダーと書記係を1名ずつ決めてもらう。
- 模造紙、太字サインペン（各グループに配布）
- 4つのルールを書いたチャート

② ルールの説明
- アイデアを出す時間の設定：15～60分以内（1分間に2つ程度が理想的）
- 4つのルールの提示と解説
- アイデアは、その都度、書記係が模造紙に書いていく

③ テーマの提示
- 受講者全員に共通するテーマ
- 2つの問題を一緒にしない　例：（×）「仕事の効率化と接遇向上」
- 抽象的なテーマではなく、具体的なテーマを選ぶ
- 大きすぎる問題は、ブレイクダウンして調整する

④ ブレーンストーミングの実施
- リーダーの役割
  - 4つのルールに従って、活発に発言するようリードする
  - 発言内容を要約し、書記係に伝える
- 書記係の役割
  - アイデアが出た順に番号をつけ、記録する
  - 記録は、具体的にわかりやすく書く

⑤ アイデアの整理と評価

第 5 章　教育研修方法で効果を高める

ブレーンストーミングの書き出し方

◎模造紙の書き方（例）

```
┌─────────────────────────────────────────┐
│           ┌──テーマ──○○○○○──┐          │
│                                         │
│                      グループ名：○○○○○○ │
│                                         │
│   1.□□□□□□□□      31.□□□□□□□□        │
│   2.□□□□□□□□      32.□□□□□□□□        │
│   3.□□□□□□□□      33.□□□□□□□□        │
│        ┊                  ┊             │
│        ┊                  ┊             │
│        ┊                  ┊             │
│        ┊                  ┊             │
└─────────────────────────────────────────┘
```

▶【関連】　※姉妹書『教育研修の効果を高めるワークシート集』019頁にシートNo.1-08「ブレーンストーミング書き出しシート」収録

8 セブンクロス法（7×7法）

　セブンクロス法は、カール・E・グレゴリーが考案したもので、データを縦横7項目に分類するデータ処理の技法です。ブレーンストーミングが拡散思考でアイデアを出すのに対し、セブンクロス法は、収束思考で問題点を整理し、重要点などが把握できます。

セブンクロス法の特徴と進め方

◎**セブンクロス法の効用**
- データの整理だけでなく、重みづけができる
- 重要ポイントがつかみやすい
- 具体的な解決策や改善策が立てやすくなる

◎**セブンクロス法の手順**
① データやアイデアなどを研修ラベルに転記する
② 似たもの、同じ要素のものをまとめて、7項目に分ける
③ 各項目にその中身に合った項目名をつける
④ 整理しにくいものは、「その他」の項目を作り、そこにまとめる
⑤ 7項目を比較検討し、重要だと思われる順に、横軸左から右へ並べる
⑥ 次に、各項目ごとの内容を一つずつ、比較検討し、重要度の高いものから、今度は縦軸に1～7の番号をつけて並べる
　（同じような内容のものは一つにまとめ、8番目以降のものは切り捨てる）
　（重要度は緊急性、経済性等により入れ変えてもよい）

第 5 章　教育研修方法で効果を高める

セブンクロス法のまとめ方

テーマ　○○○○○

グループ名：○○○○○○

重要性大 →

重要性大		Ⅰ	Ⅱ	Ⅲ	Ⅳ	Ⅴ	Ⅵ	Ⅶ
	項目名							
	ポイント							
	1							
	2							
	3							
	4							
	5							
	6							
	7							

9 フィードバック(Feedback)

フィードバックとは、「元に送り返す」という意味を持っています。

研修技法として用いる場合の意味は、個人行動や集団活動をふり返り、自己開発やチーム力の向上につなげていくことにあります。

フィードバックの特性

◎フィードバックの効用
 ① 自己認識や他人への洞察力や評価力などが高まり、対人関係能力を向上させる
 ② 自分自身の問題点や改善点を知ることにより、行動改善、態度変容のきっかけとなり、自己開発に役立つ
 ③ チームワークやリーダーシップなどについての理解が深まる

◎フィードバックの形式
 ① 個人行動のふり返り
  ● 自己フィードバック
  ● 他人によるフィードバック

 ② 集団活動のふり返り
  ● グループ討議によるフィードバック

◎フィードバックの手段(例)
 ① フィードバックシートを用いる

第5章 教育研修方法で効果を高める

② フィードバックカードや研修ラベルを用いる
③ 口頭によるフィードバック
④ 手紙交換によるフィードバック
⑤ 絵によるフィードバック

▶【関連】　※姉妹書『教育研修の効果を高めるワークシート集』025頁にシートNo.1-14「フィードバックカード」収録

フィードバックの進め方（例）

① 相手へのフィードバックの準備

　↓　● フィードバックカード、シートなどに記入する

② フィードバックの実施

　↓　● お互いにフィードバックカード、シートを交換する

③ フィードバックを受け入れる

　　　● 交換したものについて、話し合い、受け入れる

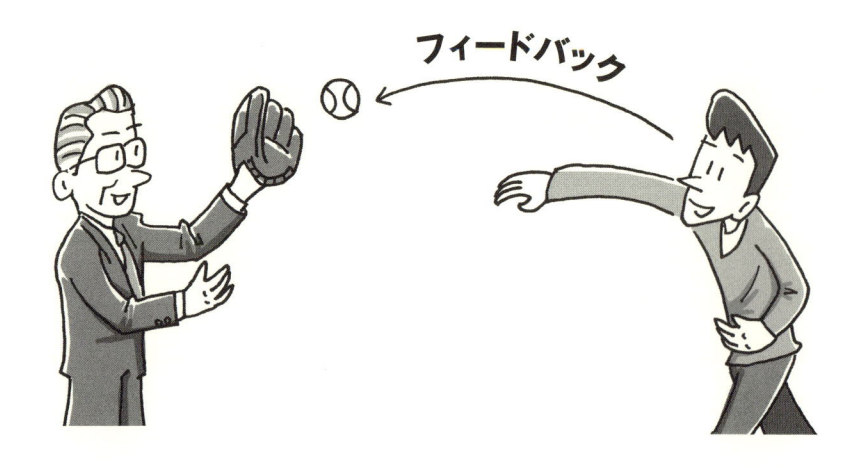

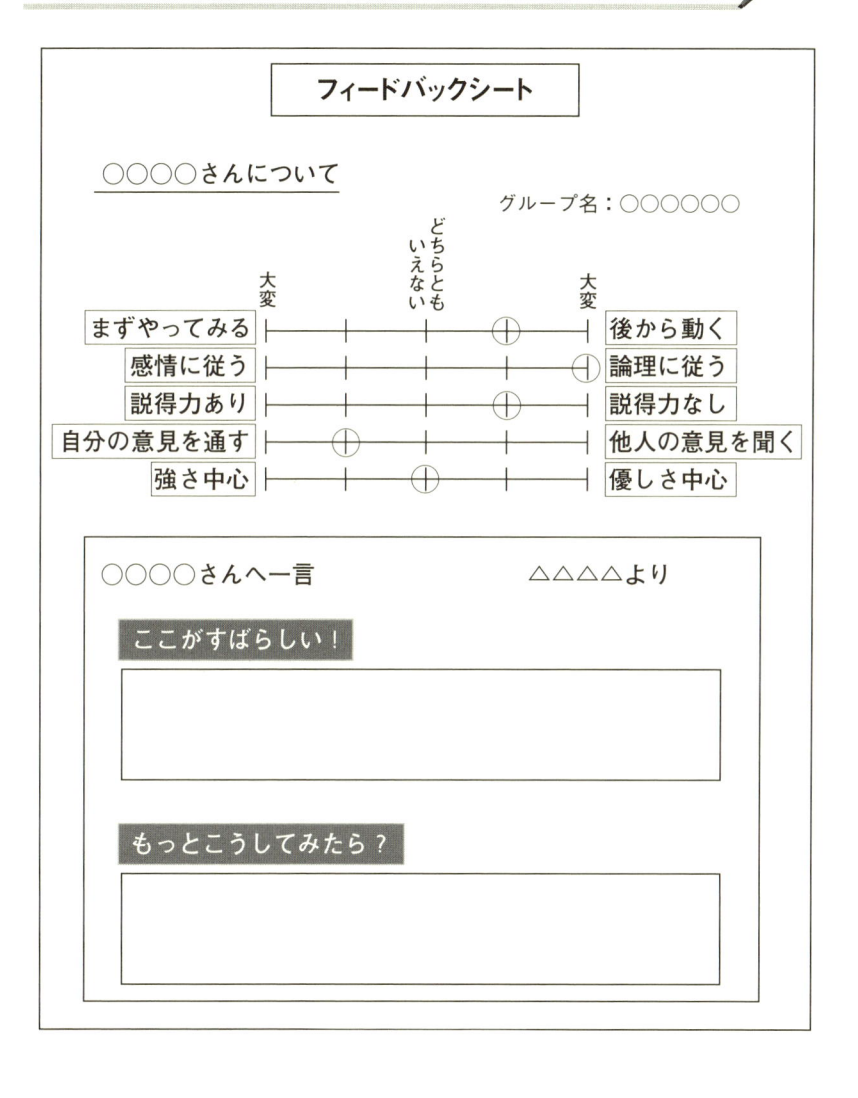

フィードバックの例

フィードバックシート

○○○○さんについて

グループ名：○○○○○○

	大変		どちらともいえない		大変	
まずやってみる	—	—	—	⊕	—	後から動く
感情に従う	—	—	—	—	⊕	論理に従う
説得力あり	—	—	—	⊕	—	説得力なし
自分の意見を通す	—	⊕	—	—	—	他人の意見を聞く
強さ中心	—	—	⊕	—	—	優しさ中心

○○○○さんへ一言　　　　　△△△△より

ここがすばらしい！

　

もっとこうしてみたら？

フィードバックのここがポイント!

◎受講者の理解が必要

　フィードバックは、受講者がその目的を十分理解していないと、感情的なしこりを残したり、敵対関係を生む危険性がある。

　そこで、インストラクターは、受講者に対し、「相手の成長を助けることが目的であり、人格の批判や攻撃ではない」ことを理解させることが大切である。

　また、相手に対しての関心と思いやりが必要であり、遠慮や拒否ではいけないことも言い添える。

◎フィードバックはこんなふうに

- 行動やデータにもとづいて
- 相手への気持ちを込めて
- ギブ・アンド・テイクの精神で

10 野外活動

野外活動では、オリエンテーリングや歩行ラリーなどが代表的です。さまざまな目的で活用でき、研修に変化をつけることもできます。また、受講者が体験を通して学べるなどのメリットもあり、積極的に取り入れたい技法の一つです。

野外活動実施の留意点①

研修における野外活動は、次の4つのポイントを押さえて実施する。

① 目的を明確にする

「楽しかったけれど、何のためにやったのかわからない」のでは意味がない。始めに、目的を明らかにして実施することが大切である。

目的の例：「体力作り」「受講者の交流」「組織人としての行動を学ぶ」など

② 場所や天候を考慮する

- 危険な場所を避ける
- 下見の後に現場の状況が変化していないかを実施直前に確認する
- 悪天候に備える
  例：別のメニューを用意しておく
  　　他のセッションと入れ替えられるようにプログラムを組む

③ タイミングを選ぶ

- 研修の初日か最終日か、午前中か午後か
- 受講者が精神的・体力的に疲れていないときか

● 受講者を気分転換させ、研修の流れを変えたいときか

④ 振り返りをきちんと行う
体験だけで終わらせず、整理し、自分のものにすることが重要である

野外活動実施の留意点②

```
┌─────────────────────────────────┐
│  野外活動実施の4つのポイント         │     ┌──┐
│                                 │     │野│
│   目的の明確化  ：  場所・天候     │ ━━▶ │外│
│  ---------------+---------------│     │活│
│   タイミング    ：  ふり返りの実施 │     │動│
│                                 │     │の│
└─────────────────────────────────┘     │実│
                                        │施│
                                        └──┘
```

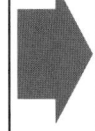

野外活動のふり返り

　野外活動は、体験の連続を整理することに大きな意味がある。従って、やりっ放しにせず、あらかじめふり返りのための質問事項をまとめたシートなどを用意して、まとめをきちんと行うことが必要である。

〈ふり返りのステップ〉
⬇

① 個人でのふり返り

⬇　● 時間を設定し、個人でふり返りシートを記入する（10〜15分程度）

② グループによるふり返り

⬇　● 個人で記入したシートをもとにグループで話し合う

- 共通点を確認し、共有化する

③**発表**
- グループの代表者による発表

④**インストラクターのコメント・まとめ**
- 各グループに共通する点を指摘
- 活動中に観察した出来事を引用
- 今後への展開を踏まえた講義

⑤**今後への活かし方の検討**
- 個人として野外活動で得たことを今後どのように活かすかをまとめる時間を設ける

▶【関連】 ※姉妹書『教育研修の効果を高めるワークシート集』296頁にシートNo.12-10〜18「野外活動：世界で一つの地図作りシート」他収録

野外活動ふり返りシートの例

野外活動ふり返りシート

チーム名：
メンバー名：

1. 何が求められているかをつかむことができた。　はい 5─4─3─2─1 いいえ

2. 活動目的に対して適切な計画を立てることができた。　はい 5─4─3─2─1 いいえ

3. 自分の意見がチームの活動に反映された。　はい 5─4─3─2─1 いいえ

4. 他のメンバーの考えを充分理解できた。　はい 5─4─3─2─1 いいえ

5. 自分は結果について満足している。　はい 5─4─3─2─1 いいえ

うまくいったところはどんなところですか？

その理由

うまくいかなかったところはどんなところですか？

その理由

歩行ラリーの概要説明の例①

◎歩行ラリーとは
- コマ図という特殊な地図を持って、指定された速度でスタートからゴールまで歩く競技である。
- コマ図（ここでは全部で12コマある）を問題を解きながら、順番をたどって進む。

◎歩行ラリーの目的
- 歩行ラリーの実践プロセスには、会社生活を送る上で必要となる要素が総合的に含まれている。研修中、知識として学んだことを実践、体験することがねらいである。
- 要素とは、リーダーシップ、役割分担、コミュニケーション、チームワーク、情報収集力、推理力、判断力、体力、雰囲気作りなど

◎持ち物
- コマ図　● タオル　● 問題用紙　● 解答用紙
- 筆記用具　● 時計　● お金（ジュース代、電話代のみ）

歩行ラリーの概要説明の例②

◎ルール
- 5人で1チームとする。
- リーダー、副リーダー、安全係を決め、インストラクターに報告する。
- コマ図の見方は、常に自分が立っているところが、コマ図の下になる。
- コマ図のコマを見極めて歩行する。
- 歩く速度の指定は、1分間80mとする。

- インストラクターが設定した所要時間に近い時間で到着したチームほど、高得点が得られる。30分早く到着しても遅くても同点である。
- 評価は到着時間の他にもある。
- 隠し問題（ゴール後に問題を渡す）
- 問題の得点と時間の得点の合計で順位を決める。
- コマ図と問題の両方に注意して進むこと。隠し問題に備えて、情報収集もすること。
- 優勝チームには、賞品が授与される。

◎**注意事項**
- 途中、交通量の多い道路などは十分注意すること。
- 緊急事態の場合には、緊急連絡先電話番号○○○-○○○○に連絡し、自分たちの居場所をコマ図の番号で伝え、そこで待つこと。

歩行ラリーコマ図の例

歩行ラリー指示図

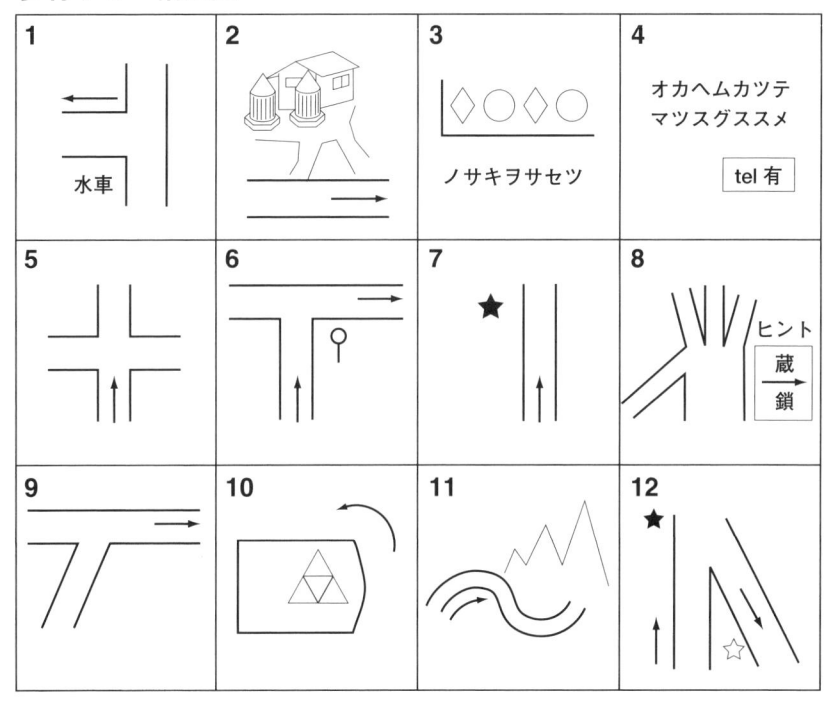

1	2	3	4
水車		ノサキヲサセツ	オカヘムカツテ マツスグススメ tel 有

5	6	7	8
		★	ヒント 蔵→鎖

9	10	11	12
			★ ☆

コラム5
ちょっとした手作り教材で効果を上げる

○研修を支える教材づくり

　研修教材は、インストラクターのスキル、研修プログラムと一体化したものでなくてはなりません。懇切丁寧なテキストをつくろうと、やたらにボリュームが多くなるのは考えものです。教材だけが独り歩きしてしまうということになりかねないので注意したいところです。

　研修教材には、テキスト、補助シート、実習教材、視覚教材があります。

　テキストは大きく分けて2つの作り方があります。テキストを中心に研修を行う場合と、補助的な役割としての教材があります。

　テキストを中心に進める場合なら、講義はテキストの内容を理解してもらうための説明的な位置づけとなります。

　一方、講義を補助するテキストは、たとえば、テキストの一部分を空けておいて、そこにインストラクターがレクチャーした内容や、受講者の気づきなどをメモさせるというものなどがあります。

○教材でスキルを補う

　さらに、教材に研修を補佐させるということもあります。テキストやシートにグループワークや作業の進め方を記述しておくのです。実際にレクチャーをしてみると、意外に難しいのが、実習やグループワークの説明です。自分の得意な専門知識や技術については、要領よく話せるのに、実習やグループワークでつまずいてしまうのです。完璧に理解して説明したつもりでも、実際に受講者にやってもらうと、そのとおりに進めてくれないということはよく社内インストラクターが体験することです。著者が関係して研修を作った時に、マナーを新人に教えるというセッションがあったので、社内インストラクターが教える自信がないと言い出しました。そこで、インストラクターがそれほど話さなくてもマナー研修がすすめられるようにしたのです。教材の作り方としては、目的・手順・ポイントの3つを分かりやすく記述する

ことです。

○研修のゲーム化を工夫する

　教材には、実習に使うゲーム、模造紙、実習用品などがあります。これらは、受講者の興味を引きつけ、学習を効果的に高めるための材料であると言えます。教育ゲームを自作することが難しいと思われるなら、教育団体で売っているものを購入してもよいでしょう。また、玩具店で売られている一般のゲームを研修用として使うという方法もあります。特に、アイスブレイク（研修参加者の緊張を取ったり、仲間意識を高める）などの目的ならば、市販のゲームで事足りるでしょう。

　また、実習にもゲーム要素を入れると効果的です。たとえば、簡単なクイズ（テスト）を出題して個人で考えさせてから、グループとしての統一的な意見を発表させます。グループに優劣が表れると、受講者が奮起するということがあります。ちょっとした競争原理を取り入れたゲーム化により、研修は活気を帯びたものになるでしょう。

　もっと効果を高めたいならば、賞品をつけるという手もあります。

　お互いに競争しながら学習していくというゲーム教育のメリットを大いに活用しましょう。

○パワーポイントを主役にしない

　教材作成で注意したいことがあります。

　研修テキストづくり＝パワーポイントによる資料作成を考えている人が多いようですが、それは違うのです。

　最近、研修でよく見掛ける光景に、社内インストラクターがパワーポイントの解決者になってしまっているということがあります。これだったら、インストラクターの声を録音しておいて、スライドショーにするだけで十分で

はないかと思ってしまいます。パワーポイントの教材作りにばかり注力して、あとはぶっつけ本番ということではいけません。パワーポイントを使うことが悪いというわけではありません。要は、何を講義するかが先にあり、その次にどういうパワーポイントを使おうかということになるのです。

講義補足シート
身だしなみ

〈目的〉
マナーの中の服装の大切さについて学習します。

〈手順〉
①2人（ペア）で組んで下さい。
②チェックシートに基づいて、お互いの身だしなみについてチェックして下さい。3分
③チェックシートに基づいて、相手に自分が感じたこと、気をつけたらよいことを話して下さい。
④③が終わったら、お互いのチェックシートを交換して下さい。

〈ポイント〉
　チェックシートには、相手のよいところ、不足しているところを素直に記述して下さい。

パワーポイントのチェック項目

項　目	レ
1．スクリーンに映し出した時の字の大きさについて確認する	
2．図示できるものは図示する工夫をする	
3．必要に応じて写真を加えるようにする	
4．テキストの強調すべきところをわかりやすく大きくする	
5．1つの画面で字の大小を工夫してバランスをとることを前提とする	
6．あまり字が多すぎて読みにくくなっていないか注意する 　　（余白も大切に）	
7．必要以上にパワーポイントのコマが増えないようにする	

PART❿ 研修実施後の評価とフォロー

> ### 1️⃣ 教育研修の効果測定
> 　企業研修では、効果的な研修の実施を目指す一方で、その"効果の測定"が、難しい課題の一つとなっています。
> 　しかしながら、永遠の課題とあきらめず、前向きに取り組みたいところです。

効果測定とは？

◎効果測定の意味

　効果測定には、3つの意味がある。

　① 研修の有効性を検証する
　② 理解促進、研修効果を定着させる
　③ 今後への課題を見つける

◎効果測定の対象事項

　効果測定の対象とする事項は、次の3つである。

　① 研修そのもの（研修全体と個別の研修）
　② 受講者
　③ 職場

研修効果の測定の視点

研修効果を測定する視点は、次のように大きく2つに分けられる。

① **個人〈能力と行動を見る〉**
- 知識量と理解力がどれだけ向上したのか
- 問題の解決技法がどれだけ身についたのか
- 物事に対する姿勢と行動がどう変わったのか

② **組織〈行動の変化を見る〉**
- 実際の行動に変化が出たか、規律が守られるようになったかなど、組織レベルの変化を見る
- 一つひとつの行動にそれほどの変化はないようだが、何となく職場の雰囲気がよくなってきたとか、職場に活気が出てきたとかいう組織の性格ムードの変化を見る

効果測定の進め方

① **測定基準を得る**
- 誰に（対象）
- いつまでに（期間）
- どうなって欲しいか（どういうテーマをどのレベルまで）

② **研修目的から測定方法を選定する**
- 研修対象者
- 研修内容のレベル
- 期待レベル（何をもってよしとするか）
- 研修期間

→方法の選定

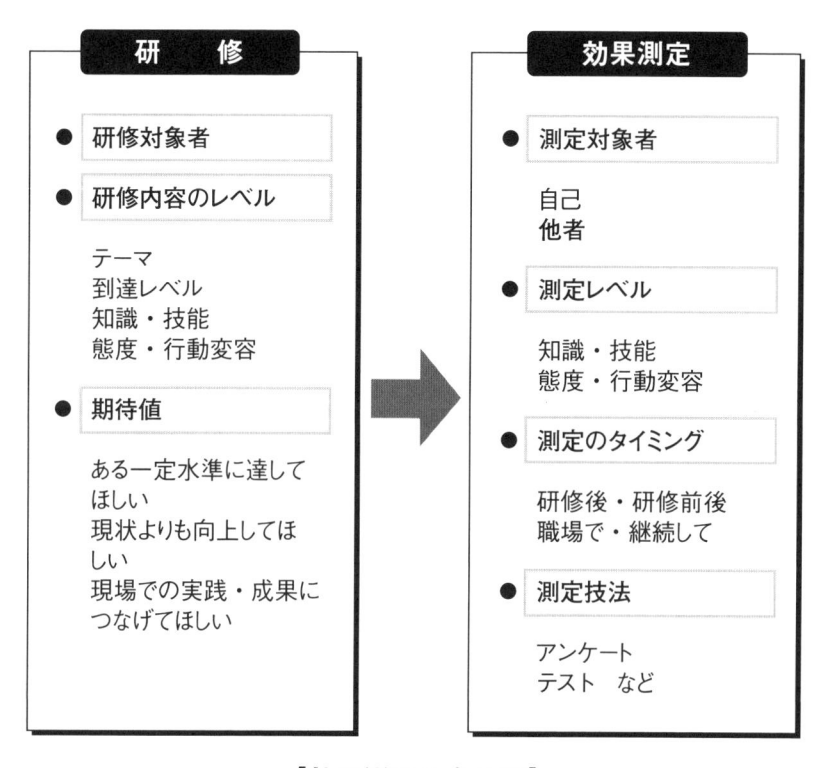

```
┌─────────────────┐                    ┌─────────────────┐
│      研　修     │                    │     効果測定    │
└─────────────────┘                    └─────────────────┘
● 研修対象者                            ● 測定対象者
                                          自己
● 研修内容のレベル                        他者

  テーマ                                ● 測定レベル
  到達レベル
  知識・技能                              知識・技能
  態度・行動変容                          態度・行動変容

● 期待値                                ● 測定のタイミング

  ある一定水準に達して                     研修後・研修前後
  ほしい                                   職場で・継続して
  現状よりも向上してほ
  しい                                   ● 測定技法
  現場での実践・成果に
  つなげてほしい                           アンケート
                                         テスト　など
```

[効果測定の全体図]

効果測定の方法

効果測定には次のようにいろいろな方法がある。

例：

- アンケート　● テスト　● 論文　● チェックリスト
- 技能評価テーブル　● 価値観評価法　● キーワード法

など

『教育研修の効果測定と評価のしかた』（日興企画刊）に詳述

アンケート作成のポイント

効果測定の方法として、よく使われるのがアンケートである。アンケートを用いる場合は、以下のポイントを押さえて作成する。

◎アンケート設計の基本

設問は、3層構造、すなわち、「基本機能」「付加機能」「サービス機能」という3つの機能別に分けて考える。

① **「基本機能」とは** 　プログラム、インストラクター、補助教材など
② **「付加機能」とは** 　教室、環境、実施時期など
③ **「サービス機能」とは** 　食事、宿泊施設、研修事務局など

◎研修の3層構造

アンケートを実施しようとする研修がどのような3層構造を持っているのかを見極める必要がある。

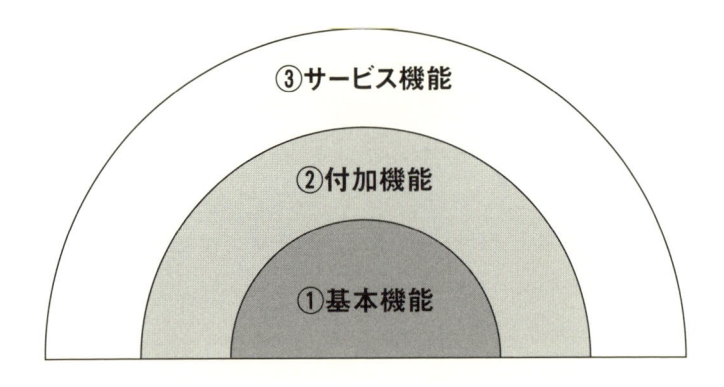

③サービス機能
②付加機能
①基本機能

設問作成の条件

1.アンケートのねらいを明確にする
- よくばって何でも聞こうとしない。(1〜1.5テーマ程度)

2.設問数
- 10分程度で答えられる量を目安とする。

※それ以上多くのことを答えさせたいときは研修の中のセッションに組み込むか、課題レポートとする。

3.設問文の表現
（ア）設問文はシンプルな表現にする。
（イ）一番下位レベルの人がわかる言葉づかいにする。
（ウ）1つの設問の中に2つの設問を含まないようにする。
（エ）誘導尋問とならないように注意する（導入文など）。

4.設問方法
- クローズド・クエスチョン（Yes/No、尺度）
- オープン・クエスチョン

5.設問順序
（ア）原則として、答えやすい設問から先に聞く。
（イ）複数の側面を持つ設問は、要素を複数に分解し、周辺的な要素を先に質問しておく。

6.挨拶文
- 先頭に協力依頼とアンケートの目的（利用方法）を簡潔に記述する。
- 最後に協力のお礼を記述する。

7.出来上がったアンケートは必ずモニターにかける。

第 5 章　教育研修方法で効果を高める

研修アンケートの例

○○○○研修アンケート

所属・氏名　○○○○○○

今後のよりよい研修企画のため、受講者アンケートをお願いします。
今回受講された研修について、ご意見をお聞かせください。

1.開催時期やスケジュールについてお聞かせ下さい。

　　1）開催時期は適切ですか？　　　　　　いつ頃ならもっと参加しやすいですか？
　　　　① 適切だった　　② 適切でなかった　→　_____月頃

　　2）2日間というスケジュールは適切でしたか？　　短すぎる　ちょうど良い　長すぎる
　　　　　　　　　　　　　　　　　　　　　　　　　1・2・3・4・5

2.研修内容についてお聞かせください。

　　1）内容的に難しかったですか？　　　やさしすぎた　ちょうどよい　難しすぎた
　　　　　　　　　　　　　　　　　　　1・2・3・4・5

　　2）実務で活用できると思いますか？　例えば、どんなところですか？
　　　　① 思わない　　　　　② 思う→ [　　　　　　　　　　　　　　]

3.指導方法やわかりやすさについてお聞かせください。
　　　　　　　　　　　　　　　　　　　　　　いいえ　　　　　はい
　　1）教材はわかりやすかったですか？　　　1・2・3・4・5
　　2）演習は理解を深めるために役立ちましたか？　1・2・3・4・5
　　3）講師の指導方法は良かったですか？　　1・2・3・4・5

4.その他、参加して良かったところ、気づいたことなど、何でも結構ですので
　　ご意見をお聞かせください。

[　　　　　　　　　　　　　　　　　　　　　　　　　　　　　　]

～ご協力ありがとうございました～

2 教育研修評価

研修評価は、効果測定の結果に基づいて行います。

研修評価のしかた

◎測定から評価への流れ

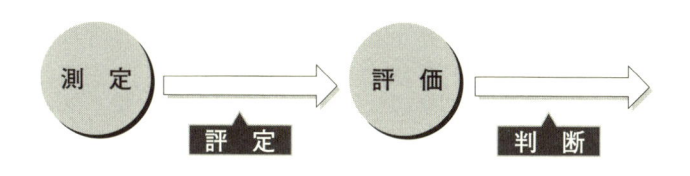

測定 →(評定)→ 評価 →(判断)→

◎研修評価の対象

一般的な評価の対象は、次の通りである。

① 研修目標の妥当性とその到達度について
② 研修企画内容とその実施状況について
③ 教育体系、予算などの仕組み面について
④ 経営計画目標の妥当性とその到達度について

→上記の②がインストラクターに直接関係の深い内容であり、具体的には次のような項目があげられる。

① 研修の企画についての評価
　・受講者にふさわしい研修テーマか
　・研修日程、プログラム内容、技法は適切であったか、など

② **インストラクションについての評価**
・ツールの使い方
・技法の使い方
・対人能力、など

③ **研修環境についての評価**
・研修の実施時期、会場設備、食事、宿泊設備など

3 教育研修後のフォローアップ

研修での学習を定着させるためには、研修後のフォローアップが大切です。研修を企画する段階で、研修全体をフォローまでまとめて一つのプログラムとして考えるようにします。

フォローアップとは

◎**フォローアップの重要性**

研修は、実施して終わりではなく、研修で得たことが実際に現場で活かされてこそ意味がある。そこで、研修後のフォローアップが重要な意味を持つ。

フォローアップの機会を設けることには「研修をその場限りのものにしない」「やりっ放しにしない」という意味がある。

学生には、入学や卒業などの節目がある。その節目を迎えることで、次のステップを認識し、次の新たな目標へと向かうのである。

研修においても、どこかに節目を設けることが重要になる。どこにその節目を作るか、つまり、いつ、どのタイミングで、どのように、フォローをするかを設定しておくことが必要である。

◎**フォローアップの方法**

フォローアップにはいろいろな方法が考えられる。

例：
- 集合研修 ● テスト ● リポート ● 上司からの評価 など

▶【関連】　※姉妹書『教育研修の効果を高めるワークシート集』029頁にシートNo.1-18「研修フォローシート」収録

研修フォローアップのここがポイント！

◎企画の段階でフォローを組み込む

　フォローアップは、研修終了後に考えるのではなく、研修を企画する段階から組み込んでおくようにする。

　受講者にとっても先があるとわかって参加するのと、今回限りと思って参加するのとでは、研修に臨む姿勢も違ってくるはずである。

　この先があるということで、受講者を「まあ、いいや」という気にさせないことである。

◎フォローアップを工夫する

　フォローアップの方法はさまざまである。それぞれに長所と短所があるので、例えば複数の方法を組み合わせるようにする。

　また、時間や費用などの制約があり、実施できない場合は、他の方法で補うなどの工夫が大切である。

研修フォローアップの例

◎E社の新入社員研修の場合

　4月に導入集合研修を実施後
　⬇
　① 本人による研修報告書の作成
　⬇
　② 研修報告書に基づき、上司、先輩と面接
　⬇
　③ 研修実施内容を社内報に掲載

↓

④ 新入社員リポートの作成
    →毎週末、上司・先輩に提出、上司・先輩コメント記入
    →毎月1度、教育担当に提出

↓

⑤ 11月にフォローアップ研修の実施

↓

⑥ 本人による研修報告書の作成

↓

⑦ 研修報告書に基づき、上司、先輩と面接

↓

⑧ フォロー研修実施内容を社内報に掲載

↓

⑨ 新入社員リポートの作成継続

↓

⑩ 1年後に上司・先輩・新人の3者面談の実施

4 インストラクションのふり返り

　インストラクションも仕事の管理と同じように、PLAN（企画）とDO（準備・実施）だけで終わらせずCHECKとACTION、つまりふり返り（測定評価）を行って、反省点を次のインストラクションに活かして向上させていくことが必要です。

ふり返りのしかた

◎**どのタイミングでふり返りをするか**
- インストラクションの途中でのチェック
- インストラクションの終了後のチェック

◎**ふり返りの方法は**
- レッスンプラン、レジュメに従って
- 受講者のアンケートや感想を読んで
- インストラクションのチェックリストを用意して
- 受講者の研修中の反応を見て
- インストラクションの録画ビデオや録音テープで
- 研修終了後の懇親会などの場で、受講者の話を聞いて
- 研修スタッフなど立ち会った人の話から
- 受講者の質問の内容から

◎**ふり返りのポイント**
　ふり返りは、一つの方法に頼りすぎると、偏った評価になる恐れがある。従って、できるだけいろいろな方法を用い、多角度からチェックを行うようにする。

インストラクションのふり返りチェックリスト

◎講義のチェックリスト

【事前準備】

- □ 1.インストラクションの目標を明確にし、話を体系的に組み立てたか?
- □ 2.事前に、研修スタッフと十分に打ち合わせをしたか?
- □ 3.レッスンプラン、レジュメ、資料などは、話の内容に合わせて準備したか?
- □ 4.必要な資料や備品の準備は適切であったか?

【態度・動作】

- □ 5.堂々とした態度で話をしたか?
- □ 6.受講者を安心させるような、明るい態度で臨んだか?
- □ 7.あがりすぎることなく、落ち着いて話ができたか?
- □ 8.熱意が伝わるような態度であったか?
- □ 9.きちんとした服装や身だしなみで臨んだか?

【内容・進行】

- □ 10.話の導入、切り出し、自己紹介などは適切な内容であったか?
- □ 11.話の内容は受講者が理解できるレベルであったか?
- □ 12.話の要点をを明らかにしたか?
- □ 13.レッスンプランに沿って進めたか?
- □ 14.話の内容に具体例や体験談などを取り入れたか?
- □ 15.話のまとめは重要点を押さえ、実践行動への結びつきを促したか?

【表現】

- □ 16.わかりやすい言葉を用いたか?

第5章 教育研修方法で効果を高める

- [ ] 17. 難しい言葉は解説を加えたか?
- [ ] 18. あいまいな話し方や回りくどい言い方を避け、わかりやすく表現したか?
- [ ] 19. 声の大きさ、高さ、テンポ、は適切であったか?
- [ ] 20. 話の語尾は明瞭であったか?
- [ ] 21. 身振り、手振りを効果的に用いたか?
- [ ] 22. 話の「間」をうまくとって進めたか?
- [ ] 23. 受講者が気になるような話し方の"クセ"に気をつけたか?

【コミュニケーション】
- [ ] 24. 会場全体にゆっくり目を配っていたか?
- [ ] 25. 受講者とのアイコンタクトを心掛けたか?
- [ ] 26. どの受講者に対しても公平に接したか?
- [ ] 27. 受講者と双方的なコミュニケーションを図ったか?

【ツール】
- [ ] 28. 板書の活用は適切であったか?
- [ ] 29. 視聴覚機器・教材の活用は適切であったか?
- [ ] 30. マイクは適切に使ったか?

【その他】
- [ ] 31. 受講者の座席の配置・移動などは適切であったか?
- [ ] 32. 受講者からの質問を受ける時間を設けたか?
- [ ] 33. 質問への対処は適切であったか?
- [ ] 34. 受講者の私語、居眠り、しらけムードなどに適切に対処したか?
- [ ] 35. 時間は予定通りであったか?

受講者が困るインストラクター

◎研修が講義中心で受講者が受け身で面白くない
◎講義内容が盛り沢山で要点がわかりにくい
◎早口、声が小さい、発音がはっきりしないなど、話し方が下手
◎やたらに板書し、板書だけで終わらせようとする
◎DVD、パワーポイントを見せるだけで済まそうとする
◎教育ゲームを楽しんだだけで意味の説明がない
◎グループ研究ばかり続くなど、流れに変化がなく、飽きる
◎受講者にテキストを読ませるばかりで終わってしまう
◎インストラクター自身の体験や考え方に固執しすぎる
◎模範を示さずに、実習させておいて、やたらに文句を言う
◎コメントがくどすぎる
◎質問を受けない
◎質問に対して的確な答が返ってこない
◎予定時間通りに進めない

レベルアップの8つの視点

　インストラクションのポイントとなる8つの視点から自分自身のインストラクションをセルフ・チェックしてみる。レベルアップのためには、自分の弱点や改善の課題を明らかにして取り組むことが必要である。

- [ ] 1.《時　間》標準的な時間内で終わることができる
- [ ] 2.《講　義》わかりやすく話し、模範を示すことができる
- [ ] 3.《実　習》手順に従って進め、要点の掘り下げができる
- [ ] 4.《ツール》黒板や視聴覚機器をうまく活用できる

第5章 教育研修方法で効果を高める

- [ ] 5.《進　行》レッスンプランに従い、確実にインストラクションを進められる
- [ ] 6.《理　解》重要点の強調、コメントができる
- [ ] 7.《分　析》受講者の反応や場の動きを分析することができる
- [ ] 8.《判　断》因果関係や反省点を把握することができる

コラム6 受講者の反応から研修効果を探る

○3つの視点で反応を見る

　社内インストラクターは、受講者の反応に気を使いながら研修を展開することを身につけてもらいたいものです。研修を終わった社内インストラクターが、「今日は盛り上がった！」と満足げにしている場面を見ますが、この人は本当に受講者の反応を見ているのかということを感じることがあります。

　研修がエンターテインメント的要素を持っていることは否定できませんが、盛り上がったから研修効果があったと考えるのは、短絡的ではないでしょうか。

　大切なのは、「受講者にとってどうであったか」ということです。だから、研修が盛り上がった、気持ちがよかったなどということは、二の次といえるでしょう。

　①インストラクターの話を受け入れているか
　②理解しているか
　③活用しようとしているか
　という3つの視点から受講者の反応を見ることです。

○受講の受け入れ度合いを見る

　メモをとる、姿勢が前のめりになるなどの様子が見られたら、それはインストラクターの話を受け入れているサインといえるでしょう。

　そこで、社内インストラクターとしては導入部分であまり否定的な話をしないことです。

　「○○がダメだ！」ではなく、

　「△△すれば出来る」というように肯定的な表現を意識して使うようにしましょう。

　受講者に迎合する必要はありませんが、まず研修を受け入れてもらうような工夫や配慮が求められます。

このとき大切なのは、受講者が盲目的にインストラクター・研修内容を受け入れることまで求めるのではなく、「否定はしない」レベルでよいということです。

◯理解度は『うなずき』と『答えたときの反応』に表れる

　次に、理解しているかどうかについては、受講者の『うなずき』『質問に答えたときの反応』で、だいたいわかります。うなずきを見る時は、常にうなずいているのではなく、ある特定の場面でうなずく、そこだけを真剣に聞こうとしていると様子から分かってきます。

　一方、受講者からの質問に講師が答えたとき、受講者が「やっぱり」という反応をするのであれば、理解度は高いと見てよいでしょう。

　逆にそのような反応が見えない時は、理解度はそれ程でもないということが考えられますから、少し突っ込んで説明をすることにより、理解度が高まるということがあります。

◯活用の可能性はどのくらいあるか

　受講者が研修内容を活用しようとしている反応を見極めるのは難しいところがあります。そこで、次のような工夫が考えられます。
　①質問を出させるようにする
　②キーワード法を活用する
　質問を出してもらうには、直接働きかけるか質問の場をつくるようにします。

　受講者に働きかける時に、「何かありますか」という問いかけはあまり意味ありません。それよりも「休憩の後で質問をお受けします」「これから質問の時間にします」と予告しておいて、質問を受けるようにすると、質問が出やすくなります。

キーワード法というのは、最近よく活用されている方法ですが、研修の途中または終了時に研修で印象的な、覚えている言葉をメモ書きしてもらいます。この時に研修内容を受け入れ、やってみようという受講者は、キーワードの背景を明確に表現できる傾向にあります。質問の中で確認するといいでしょう。

　このように、3つの反応を見ながら、研修を進めてください。集中力が切れていないかという観点からも、受講者をよく見ることが大切です。

受講者反応のトライアングル

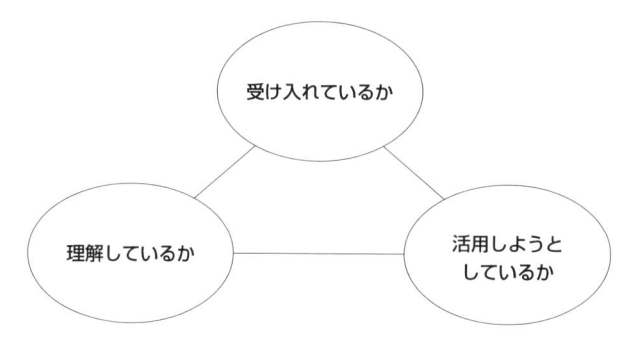

```
        受け入れているか
           /     \
          /       \
   理解しているか ── 活用しようと
                    しているか
```

巻末資料

研修目的確認シート
研修受講者名簿
新入社員フォロー研修事前アンケート
研修会場作りのチェックリスト
研修プログラム立案シート①(2泊3日用)
研修プログラム立案シート②(1日用)
テキスト作成の検討シート
補助教材・備品等のチェックリスト
レッスンチャート作成シート
インストラクション・リハーサル・コメントシート
話し方のチェックリスト
研修の結び準備シート
受講者研修参画チェックリスト
視聴覚教材ふり返りシート
インストラクターの自己紹介準備シート
事例研究実施チェックリスト

巻末資料

- No.001 ───────── 研修目的確認シート
- No.002 ───────── 研修受講者名簿
- No.003 ───────── 新入社員フォロー研修事前アンケート
- No.004 ───────── 研修会場作りのチェックリスト
- No.005 ───────── 研修プログラム立案シート① (2泊3日用)
- No.006 ───────── 研修プログラム立案シート② (1日用)
- No.007 ───────── テキスト作成の検討シート
- No.008 ───────── 補助教材・備品等のチェックリスト
- No.009 ───────── レッスンチャート作成シート
- No.010 ───────── インストラクション・リハーサル・コメントシート
- No.011 ───────── 話し方のチェックリスト
- No.012 ───────── 研修の結び準備シート
- No.013 ───────── 受講者研修参画チェックリスト
- No.014 ───────── 視聴覚教材ふり返りシート
- No.015 ───────── インストラクターの自己紹介準備シート
- No.016 ───────── 事例研究実施チェックリスト

●No.001
研修目的確認シート

次の6つの項目との関連で研修目的をとらえてみよう。

● 経営課題の関連では

| |
| |

● 人材育成課題との関連では

| |
| |

● 現場の状況との関連では

| |
| |

● OJT・自己啓発との関連では

| |
| |

● 期待されるレベル（誰に、いつまでに、どのレベルを）

| |
| |

● 研修テーマに対して質問は？

| |
| |

巻末資料

● No.002
研修受講者名簿

研修名：＿＿＿＿＿＿＿＿＿＿＿＿＿＿＿＿＿

	氏　名	部署名	担当業務
1			
2			
3			
4			
5			
6			
7			
8			
9			
10			
11			
12			
13			
14			
15			
16			
17			
18			
19			
20			
21			
22			
23			
24			
25			

●No.003
新入社員フォロー研修事前アンケート

　　　　　　　　　　　　　　　　　　　年　　月　　日

　　　　　　　　部署名　_____
　　　　　　　　氏　名　_____

1.

半年間社会人生活を過ごしてきた現時点で、何か不安なこと、または悩みや困っていることがありますか？（会社のこと、個人的なことでもよい）

2.

仕事をしていく上で、「今後、ぜひ、こういうことをしてみたい」と考えていることはありますか？

●No.004
研修会場作りのチェックリスト

研修準備のためのチェックリスト

- [ ] 1. テーブル、椅子の高さ、大きさは？
- [ ] 2. テーブルは可動式かどうか？
- [ ] 3. 黒板と座席との距離は？
- [ ] 4. 照明の調節は？
- [ ] 5. 防音設備は？
- [ ] 6. コンセントの位置は？
- [ ] 7. カーテン（暗幕）・ブラインドの有無は？
- [ ] 8. 窓の有無、位置は？
- [ ] 9. 時計の有無、位置は？
- [ ] 10. 冷暖房の換気口の位置は？

◎その他

● No.005
研修プログラム立案シート① (2泊3日用)

研修名

ねらい

日程　　　　　　　　　　（2泊3日）

時間	9:00　　　　　　　　　　　　　　　　　　　　　　21:00
第1日目 月 日	
第2日目 月 日	
第3日目 月 日	

●No.006
研修プログラム立案シート② (1日用)

研修名

ねらい

実施日　　　年　　　月　　　日

時間	内容

● No.007
テキスト作成の検討シート

研修テキスト作成検討のためのシート

1. 研修テキストの目的、範囲は？

　_____

2. テキストのスタイルは？

　_____

3. 外部への原稿依頼の有・無は？

　_____

4. 作成部数は？

　_____

5. 用紙サイズ、バインダーの有無、綴じ方は？

　_____

6. テキストに組み込む図表は？

　_____

7. 文体は「である調」か、「ですます調」か？

　_____

巻末資料

●No.008
補助教材・備品等のチェックリスト

研修名　　　　　　　　　　　　　受講者数

実施日　　　．　．　　　　　　　インストラクター

会　場　　　　　　　　　　　　　事務局

　　　　　　　　（数　量）　　　　　　　　　　　（数　量）

☐ 1. 模造紙　　　　　　　　　　☐ 13. DVDレコーダー

☐ 2. マジック
　　（黒・赤・青）　　　　　　　☐ 14. DVD（モニター）

☐ 3. えんぴつ　　　　　　　　　☐ 15. DVD（データ）

☐ 4. マグネット　　　　　　　　☐ 16. デジタルレコーダー

☐ 5. セロテープ　　　　　　　　☐ 17. パワーポイント

☐ 6. 定規　　　　　　　　　　　☐ 18. ホワイトボード

☐ 7. ハサミ　　　　　　　　　　☐ 19. パソコン

☐ 8. カッター　　　　　　　　　☐ 20. その他

☐ 9. ノリ

☐ 10. ステープラ

☐ 11. クリップ

☐ 12. 研修ラベル

〈備考〉

●No.009
レッスンチャート作成シート

テーマ

対象

時間

巻末資料

●No.010
インストラクション・リハーサル・コメントシート

インストラクター氏名：

研修・セッション名：

着眼項目		
態度	●不安になる場面はあったか ●動きにメリハリがあったか ●やめた方がいいクセはあったか	
話し方	●声は聞き取りやすかったか ●身体ジェスチャー、ボディランゲージを使っているか ●スピードは適切だったか	
展開	●話の流れはスムーズであったか ●印象に残ったところはあるか ●納得のできる内容であったか	
時間	●時間は適切であったか ●速度の変化で気になるところはあったか ●だらだらした内容になっていないか	
教材	●教材は使っているか ●板書・パワーポイントの使用はタイムリーか	
雰囲気	●受講者は前向きに聴いていたか ●特定の人に話が集中していなかったか ●雰囲気を良くするための工夫はあったか	
その他		

●総合コメント

研修インストラクター 即戦・技術マニュアル

実施日：　　年　　月　　日

記入者：

コメント・備考（感じたこと・気づいた点など）

●No.011
話し方のチェックリスト

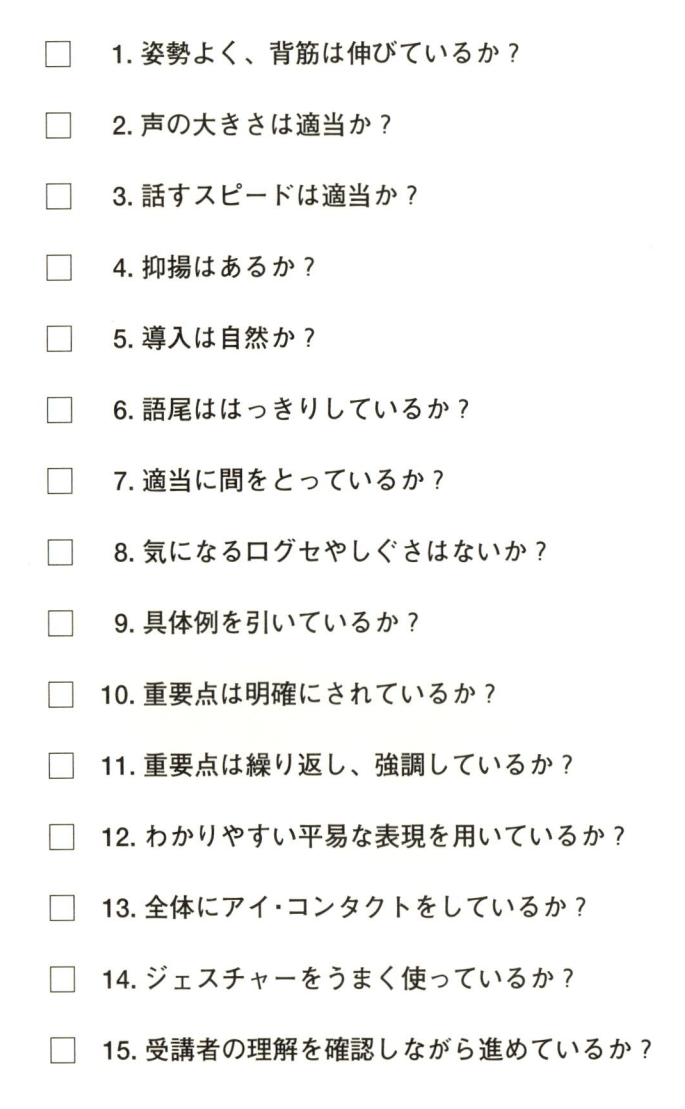

- [ ] 1. 姿勢よく、背筋は伸びているか？
- [ ] 2. 声の大きさは適当か？
- [ ] 3. 話すスピードは適当か？
- [ ] 4. 抑揚はあるか？
- [ ] 5. 導入は自然か？
- [ ] 6. 語尾ははっきりしているか？
- [ ] 7. 適当に間をとっているか？
- [ ] 8. 気になる口グセやしぐさはないか？
- [ ] 9. 具体例を引いているか？
- [ ] 10. 重要点は明確にされているか？
- [ ] 11. 重要点は繰り返し、強調しているか？
- [ ] 12. わかりやすい平易な表現を用いているか？
- [ ] 13. 全体にアイ・コンタクトをしているか？
- [ ] 14. ジェスチャーをうまく使っているか？
- [ ] 15. 受講者の理解を確認しながら進めているか？

●No.012
研修の結び準備シート

　インストラクターが、結びの準備をするときのメモとして利用してください。レッスンプランに書ききれなかったことや研修実施中の所感などをメモしておくとよいでしょう。

| 研修名 | 年　月　日 |

⬇ ①研修全体をふり返る

⬇ ②要点を押さえる

⬇ ③受講者の質問を受ける

⬇ ④今後へとつなげる

⬇ ⑤インストラクター自身の主張や考えを述べる

⬇ ⑥参考文献の紹介など

●No.013
受講者研修参画チェックリスト

受講者を研修に引き込むためのインストラクターのチェックリストです。

- [ ] 1. 積極的に研修の雰囲気作りをしているか？
- [ ] 2. 期待を伝えたか？
- [ ] 3. 受講することの利点を明らかにしているか？
- [ ] 4. プログラムに変化や動きを加えているか？
- [ ] 5. 競争をうまく取り入れているか？
- [ ] 6. 受講者に発言の機会を設けているか？
- [ ] 7. インストラクターが手本を見せているか？
- [ ] 8. 肯定的に表現をしているか？
- [ ] 9. 良い点をおおいにほめているか？
- [ ] 10. 理解を確かめながら進んでいるか？
- [ ] 11. 自然なユーモアを取り入れているか？
- [ ] 12. 受講者にとって、身近な話題、事例、用語を用いているか？

●No.014
視聴覚教材ふり返りシート

①今の画像の誰のどのような点が問題だと思いますか？

［理由］

②もし、あなたならどのような行動をとりますか？

［理由］

③参考になった点を書いてください。

●No.015
インストラクターの自己紹介準備シート

インストラクターが自己紹介の準備をするシートです。

時間　　　　　分

〔自己紹介のポイント〕
-
-
-

〔話し言葉で書いてみよう〕

●No.016
事例研究実施チェックリスト

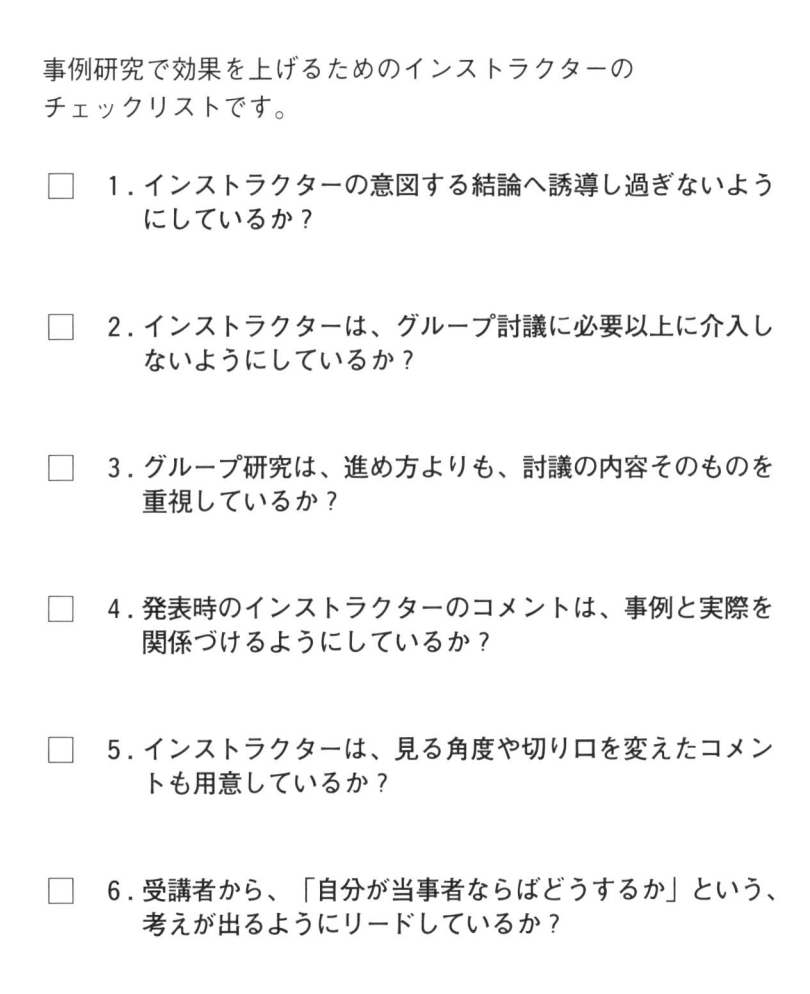

事例研究で効果を上げるためのインストラクターの
チェックリストです。

- [ ] 1．インストラクターの意図する結論へ誘導し過ぎないようにしているか？

- [ ] 2．インストラクターは、グループ討議に必要以上に介入しないようにしているか？

- [ ] 3．グループ研究は、進め方よりも、討議の内容そのものを重視しているか？

- [ ] 4．発表時のインストラクターのコメントは、事例と実際を関係づけるようにしているか？

- [ ] 5．インストラクターは、見る角度や切り口を変えたコメントも用意しているか？

- [ ] 6．受講者から、「自分が当事者ならばどうするか」という、考えが出るようにリードしているか？

- [ ] 7．講評では、押しつけにならない範囲でインストラクターの私見、感想も加えているか？

【著者プロフィール】

■IMコンサルタント　代表**平松陽一**（ひらまつ　よういち）

　玉川大学工学部経営工学科卒業後、組織コンサルティング活動を経て、1983年、IMコンサルタント代表となる。現在、経営コンサルタントとして指導業務、教育、講演など様々なコンサルティング活動を行う傍ら、企業内に入り、管理職を兼務。人材育成を中心に直接指導し多くの成果を上げている。

　著書には、『教育研修実施運用マニュアル』『教育研修の効果測定と評価のしかた』『教育研修プラン推進マニュアル』『新規開拓経営業が企業を救う』『同行営業7日間トレーニング』『営業部長のつくり方』など多数。

TEL：042-373-8952　URL：http://www.imconsultant.co.jp
e-mail：LEP02021@nifty.com

■人材教育研修コンサルタント　**三友祥実**（みとも　よしみ）

　1962年生。企業の人事教育部門を経て、平成3年人材教育研修インストラクターとして独立。新人研修、中堅社員活性化、OJT指導・育成、ビジネスマナー、コミュニケーションなどの分野で活躍中。楽しく身につけるをモットーにメリハリのきいた講義には定評がある。著者には『教育研修実施運用マニュアル』ほか人材教育情報誌・新聞等に執筆多数。

e-mail：ymkenshu-2012@nifty.com

教育研修
スタッフマニュアル

2013年4月15日　初版第1刷発行

著　　者	平松陽一 三友祥実
発行者	竹尾和臣
発行所	株式会社　日興企画 〒104-0045 東京都中央区築地2-2-7　日興企画ビル TEL：03(3543)1050(代)　FAX：03(3543)1288

印　刷・製本所　ワイズファクトリー

本書の無断複製（コピー）は著作権法上での例外を除き禁じられています。
乱丁・落丁本はお取り替えいたします。
定価はカバーに表示してあります。